Egon Kapellari • Und dann der Tod ...

Egon Kapellari

Und dann der Tod ...

Sterbe-Bilder

:STYRIA

Bildnachweis:

akg-images, Berlin: nach Seiten 16, 112, 160 und 224.
© VKB, 2005: Nach Seiten 80 und 128.
Leopold Museum: nach Seite 32.
Kunstmuseum Basel: nach Seite 48

www.styriapichler.at

Umschlaggestaltung: Bruno Wegscheider
Umschlagfoto: Marino Scandurra, © Edizioni Sant'Antimo
Layout und Produktion: Helmut Lenhart.
Druck und Bindung: Druckerei Theiss GmbH, A-9431 St. Stefan.
ISBN 3-222-13188-0

Inhaltsverzeichnis

Vorwort 9

Johannes Paul II. – Ein gehauchtes Amen 11
Franz König – Ein leiser Abschied 14
Das Weizenkorn muss sterben – Die Märtyrer des 20. Jahrhunderts 17
Mark Rothko – „Bis das Licht hervorbricht“ 20
Madeleine Delbrêl – „Du gibst alles – warum? Warum?“ 23
Dag Hammarskjöld – Zeichen am Weg 27
Marie Luise Kaschnitz – „Du entfernst dich so schnell“ 30
Reinhold Schneider – „Verhüllter Tag“ 33
Pierre Teilhard de Chardin – Ein österlicher Mensch 37
Simone de Beauvoir – „Ein sanfter Tod“ 40
„Alles auf Gott gestellt“ – Der Tod eines Jesuiten bei Albert Camus 43
Dietrich Bonhoeffer – „Von guten Mächten wunderbar geborgen“ 45
Alfred Delp – Mit gefesselten Händen 48
Evelyn Waugh: „Wiedersehen mit Brideshead“ – Ein mühsames Kreuzzeichen 51
Antoine de Saint-Exupéry – Ein Erkundungsflug ohne Wiederkehr 53
Bruce Marshall – „Alle Herrlichkeit ist innerlich“ 56
Hans von Goetzen – „Auf Wiedersehen in einer anderen Welt“ 58
Die weiße Rose – Widerstand in deutscher Nacht 60
Simone Weil – Unglück und Gottesliebe 63
Edith Stein – „Komm, wir gehen für unser Volk“ 66
Maximilian Kolbe – Sterben für einen anderen 69
Peter Wust – Ein Brief zum Abschied 72
Georges Bernanos – Leiden und Sterben einer geplagten Mutter .. 75
Georges Bernanos: Der Tod des Landpfarrers – „Alles ist Gnade“ .. 77
Rilke – „Komm du, du letzter, den ich anerkenne“ 80
Ein Mönch auf der Titanic 83

Hugo von Hofmannsthal: Jedermann – Das Spiel vom Sterben des reichen Mannes ... 86
Friedrich Nietzsche – Am Ende Mitleid mit einem gequälten Tier 89
Therese von Lisieux – Sterben in der Wüste ... 93
Anton Bruckner – Die letzte Symphonie ... 96
John Henry Newman – Der Tod eines Gentlemans ... 99
Fjodor Dostojewski – „Halte mich nicht zurück" ... 102
Nikolaj Gogol – „Reicht mir eine Leiter!" ... 105
Friedrich Hölderlin – „Im heiligsten der Stürme falle zusammen meine Kerkerwand" ... 108
Goethe – Am Ende einfache Worte ... 112
Napoleon Bonaparte – Aufstieg und Fall ... 114
Immanuel Kant – „Das Gefühl für Humanität" ... 118
Die Karmelitinnen von Compiègne – Adel bis zum Tod ... 121
Ludwig XVI. – Das Blut des Königs ... 123
Mozart – „Lacrimosa dies illa" ... 126
Mozart – Der stolze Schrei des Don Giovanni ... 129
Georg Friedrich Händel – Auferstehung und Tod ... 131
Johann Sebastian Bach – „Vor deinen Thron tret ich hiermit" ... 133
Thornton Wilder – Der Einsturz der Brücke von San Luis Rey ... 135
Blaise Pascal – „In der Gesellschaft der Armen sterben" ... 138
Richelieu – Der (Un)Dank des Königs ... 141
Michel de Montaigne – Stets vertraut mit dem Tod ... 143
Johannes vom Kreuz – „In dunkler Nacht" ... 146
Teresa von Avila – „Nichts soll dich ängstigen" ... 149
Michelangelo – „Die Liebe nur, die selbst den Tod nicht scheuend ..." ... 152
Franz Xaver – Einsamer Tod an der Grenze ... 154
Juan Ciudad – Kniend sterben ... 157
Erasmus von Rotterdam – Heimhehr in die Kindheit ... 160

Anne Boleyn – Die letzte Krone 163
Thomas Morus – Ein Goldstück für den Henker 166
Savonarola – „In te, Domine, speravi“ 169
Das Verstummen des Thomas von Aquin 171
Franziskus – Singend sterben 173
Thomas Becket – Mord im Dom 175
Hugo von Cluny – Sterben auf Sack und Asche 177
Benedikt von Nursia – Stehend sterben 179
Die Tränen des Augustinus 182
Monnica – Der Abschied am Fenster 184
Makrina – Der Blick nach Osten 186
Simon Petrus – Gekreuzigt nach unten 189
Paulus – Ein Schwert und drei Quellen 192
Die Steine des Stephanus 195
Das Geheimnis des Judas 197
Johannes der Täufer und der Tanz der Salome 199
Ovid: Philemon und Baucis – Verwandlung im Tod 201
Cicero – Ein vergeblicher Kampf für die Römische Republik 204
Der Tod des Vergil 207
Caesar – Die Iden des März 209
Caesar tröstet Catull 211
Sokrates – Ein Hahn für den Asklepios 214
Ein Klagelied des Königs Hiskija 217
Moses – Ein Blick ins Gelobte Land 219
Rachel und Benjamin 222
Jesus Christus – „Es ist vollbracht“ 224
Der Tod des Todes 227

Danksagung 229

Vorwort

Wie haben sie gelebt? Wie sind sie gestorben? Diese Fragen, bezogen auf Menschen früherer Generationen, stellen sich in jeder Generation neu. Oft ist es nur Neugierde, die so fragen lässt. Nicht selten ist es aber auch der Wunsch, im Blick auf Verstorbene mehr Licht in das eigene Leben zu bringen.

„Denk an die Tage der Vergangenheit, lerne aus den Jahren der Geschichte!", sagt Moses im biblischen Buch Deuteronomium seinem Volk. Dieses Wort der Weisheit gilt über den Horizont der Bibel hinaus wohl für die ganze Menschheit. Angesichts der moralischen und politischen Katastrophen im 20. Jahrhundert ist oft resignativ gesagt worden, die Menschheit sei nicht fähig oder nicht gewillt, aus Fehlern der Vergangenheit zu lernen. Trotz aller Kulturbrüche und Generationenkonflikte in der Geschichte eines Volkes und eines ganzen Kontinents gibt es aber millionenfach dieses Lernen aus der Geschichte. Vor allem einzelne Menschen sind es, die auf diese Weise lernen. Lernziel ist allemal nicht nur Wissen, sondern auch Weisheit, nicht zuletzt auch religiös begründete Weisheit.

In der Zeit des Barocks sprach man von einer „ars vivendi", einer „Kunst des Lebens", die man erlernen sollte, und komplementär dazu von einer „ars moriendi", einer „Kunst des Sterbens". Beide Arten von „Kunst" werden immer wieder verfehlt. Der Dichter Rainer Maria Rilke hat dazu in seinen Sonetten an Orpheus elegisch gesagt: „Nicht sind die Leiden erkannt, nicht ist die Liebe gelernt, und was im Tod uns entfernt, ist nicht entschleiert." Ein solches „Lernen" ist in der so genannten postmodernen Gesellschaft, die man generaldiagnostisch auch als eine „Lerngesellschaft" bezeichnet, nicht leichter geworden. Dies gilt besonders für den Umgang mit dem eigenen Tod.

Das hier vorgelegte Buch ist gedacht als ein kleiner Beitrag zu einer

„Kunst des Sterbens“, und es verweist zugleich auf die damit verbundene „Kunst des Lebens“. In achtzig kurzen Texten wird – meist ohne Hinweise auf heute ohnedies, z. B. via Internet, leicht zugängliche literarische Quellen – auf das Sterben und auf das vorausgehende Leben von sehr unterschiedlichen Menschen aus einer Zeit von insgesamt mehr als 3000 Jahren eingegangen. Unter ihnen sind Christen, Bekenner anderer Religionen und Menschen ohne religiösen Glauben. Alle stehen im Horizont der griechisch-römischen Antike, des Judentums, des Christentums oder eines europäisch-nachchristlichen Humanismus.

Achtundsiebzig edle oder auch Schrecken erregende Gestalten werden in einer Reihe präsentiert, die mit dem jüngst verstorbenen Papst Johannes Paul II. beginnt und einen zeitlichen Bogen bis in die vorchristliche Antike und in die biblische Frühzeit ausspannt. Außerhalb der sonst beachteten historischen Reihenfolge stehen die beiden das Buch beschließenden Kapitel. Sie handeln vom Tod Christi und von jenem Ereignis, das gemäß dem christlichen Glauben als Tod des Todes bezeichnet werden kann.

✠ Egon Kapellari
Bischof von Graz-Seckau

Ostern 2005

Johannes Paul II.

Ein gehauchtes Amen

Am Abend des Freitags nach dem letzten von ihm erlebten Osterfest fiel Papst Johannes Paul II. in Bewusstlosigkeit. Am Abend des darauf folgenden Samstags – es war der 2. April 2005 – starb er im Vatikan, umgeben von einer kleinen Schar ihm besonders vertrauter Menschen. Vorausgegangen waren Jahre eines heroisch ertragenen und aller Welt offenbaren Leidens. In der letzten Phase dieses Leidens hatte dem Papst immer häufiger die Stimme versagt: diese sonore, wohlklingende Stimme, mit welcher er unzählige Male weltweit Beachtetes gesagt hatte. Immer mehr konnte der Kranke nur durch die Sprache großer Zeichen reden. Große Zeichen und mächtige Worte hatten sein Pontifikat von Anfang an stark geprägt. Ein solches Zeichen waren nun am Ende auch die gebrechlich gewordene Gestalt des früher so beweglichen, durch Sport gestählten Papstes und sein durch das Leiden verändertes Antlitz. Am letzten Palmsonntag seines Lebens konnte er sich nur mehr wortlos am Fenster seines Arbeitszimmers hoch über dem Petersplatz zeigen. Mit einem ihm von der vorausgehenden Liturgie überbrachten Olivenzweig segnete er die auf dem Platz Versammelten und die durch das Fernsehen an der Feier Beteiligten.

Der 263. Nachfolger des Apostels Petrus hatte ein Alter von 84 Jahren erreicht und das Petrusamt durch 27 Jahre auf eine in vieler Hinsicht neue Weise gestaltet. Kein Papst, ja kein Mensch überhaupt war vorher je so vielen Menschen unmittelbar oder vermittelt durch das Fernsehen weltweit begegnet wie Johannes Paul II. Er konnte sich unverwechselbar und unvergesslich ebenso einzelnen Menschen – etwa einem Kranken oder einem Kind – zuwenden wie einer Million junger Menschen bei den von ihm „erfundenen" Weltjugendtreffen. Einem oberflächlichen und negativ voreingenommenen Blick konnte manches davon als Selbstinszenierung erscheinen. Wer aber mit den „Augen des Herzens" hinschaute, begriff den Papst als einen Zeigefinger, der unbeirrbar auf Christus und auf den Menschen, vor allem auf den Menschen in Not und Gefahr, hinwies.

Außergewöhnliche Gaben des Herzens und des Geistes waren diesem Sohn des in seiner Geschichte so oft geplagten, so geschundenen polnischen Volkes auf seinen Lebens- und Glaubensweg mitgegeben. Er war ein ungemein weltoffener und zugleich tief im Geheimnis Gottes eingewurzelter mystisch begabter Christ. Er war ein Künstler, ein Intellektueller und auch ein hellsichtiger Kenner und Gestalter der politischen Situation seines Landes, Europas und der ganzen Menschenwelt. Väterlichkeit und Brüderlichkeit verbanden sich in ihm auf eine Weise, die ihn die Zuneigung unzähliger Menschen, vor allem auch junger Menschen, gewinnen ließ. Sein Einsatz für Menschenrechte und Menschenwürde reichte über Grenzen hinaus, die ein nachchristlicher Humanismus meist nicht überschreiten will. Dies betraf besonders seinen Widerstand gegen Abtreibung, Euthanasie und sexuelle Freizügigkeit. Viele, die ihn deshalb kritisierten, bewunderten aber seinen Einsatz für den Weltfrieden, für mehr soziale Gerechtigkeit, für die christliche Ökumene und für Frieden zwischen den Weltreligionen. Nur kleine Geister innerhalb und außerhalb der Kirche konnten schließlich die welthistorische Größe dieses Mannes übersehen. Solche Kleingeistigkeit zeigte sich bei manchen Katholiken und zumal auch Theologen in den Wochen vor und nach seinem Tod auf einem Niveau, das sich edle agnostische Humanisten von jeher versagt haben. Riesig war aber der weltweite Chor jener Stimmen, die ihn, wenn auch nicht ohne manche Kritik, dankbar gewürdigt haben. An der Begräbnisfeier in Rom waren höchste Verantwortliche der

Weltpolitik, der Weltreligionen und der christlichen Kirchen und Gemeinschaften gemeinsam mit Millionen von Menschen aller Lebensalter, zumal mit unzähligen Jugendlichen, beteiligt. Wohl eine Milliarde anderer Menschen war weltweit durch das Fernsehen mit dieser Feier verbunden. Auf dem schmucklosen, aus Zedernholz gefertigten Sarg des Papstes lag ein schmales Evangelienbuch. Ein immer wieder aufkommender Wind blätterte in dessen Seiten. Schließlich hob ein starker Windstoß die rechte Hälfte des heiligen Buches auf, ließ sie auf den anderen Teil fallen und verschloss es auf diese Weise. Das erschien vielen als ein Symbol für ein abschließendes Amen Gottes als Siegel auf ein langes Leben in unermüdlichem Einsatz für das Evangelium. Es wurde auch berichtet, aber nicht offiziell bestätigt, dass der Papst sein Leben mit einem letzten, fast unhörbar gehauchten Amen beendet habe.

Franz König
Ein leiser Abschied

Ein Bischof, dessen Leben beinahe das ganze zwanzigste Jahrhundert umfasst hat, ist am 13. März 2004 im Alter von neunundneunzig Jahren gestorben. Die Rede ist von Kardinal Franz König, dem seit 1985 emeritierten Erzbischof von Wien. Nach seiner Berufung in die Diözese Wien war dieser Sohn einer Bauernfamilie aus dem niederösterreichischen Dorf Rabenstein immer mehr zu einer nicht nur in ganz Europa, sondern weltweit bekannten und geachteten Persönlichkeit geworden. Ausgestattet mit brillanten Geistesgaben absolvierte er ein Studium in Rom und ergänzende Studien in England und Frankreich. Als jungem Priester war ihm dann in seiner Heimatdiözese vor allem die Begleitung junger Menschen in Gymnasium und Universität aufgetragen. Die jungen Leute waren diesem Mann mit seinem königlichen Namen, der Fülle seines Wissens und der Weite seines Herzens besonders zugetan. Er bot ihnen keine jugendbewegte Unterhaltung, aber eine väterliche Brüderlichkeit, die jeden ernst nahm. Schon früh befasste sich Franz König wissenschaftlich mit anderen Weltreligionen. Dies weitete seinen Horizont und sollte sich später im Rahmen des Zweiten Vatikanischen Konzils und seiner Wirkungsgeschichte als sehr fruchtbar erweisen.
Die Bischofsstadt Wien war durch den so genannten Eisernen Vorhang, der die kommunistisch regierten Nachbarstaaten vom Westen trennte, in eine Randlage geraten. Ihr Kardinal unternahm die ersten Reisen zu den Bischöfen dieser Länder, um deren Isolierung durchbrechen zu helfen, und trug so zu einem Netzwerk von religiösen, kulturellen und politischen Beziehungen bei, das immer dichter wurde und bis heute trägt. Beim Zweiten Vatikanischen Konzil war er einer der besonders prägenden Kardinäle.
Menschen, die sich mit einem lokalen Horizont begnügten, begriffen

und bedankten die grenzüberschreitenden Initiativen ihres Bischofs nicht. Er wirkte aber nicht nur nach außen, sondern war ebenso ein treuer und eifriger Hirte für seine große Diözese. Keine Pfarre gab es, die er nicht visitiert hatte. Hinzu kamen Besuche in Schulen aller Art, in Industriebetrieben und Krankenhäusern. Kardinal König entkrampfte die Beziehungen zwischen der katholischen Kirche und der einen großen Teil der Arbeiterschaft vertretenden Sozialistischen Partei, vertrat aber nicht, wie ihm fälschlich nachgesagt wurde, eine Äquidistanz der Kirche zu den politischen Parteien. Wiederholt, wenn auch gerne überhört, erklärte er, dass jede dieser Parteien ihre Nähe oder Distanz zur Kirche selbst zu bestimmen habe, je nachdem, wie die für die Kirche unaufgebbaren Werte dort respektiert seien.
Als bischöflichen Wahl- und Wappenspruch hatte der Wiener Erzbischof die Worte *Veritati in caritate* gewählt. Das bedeutet: „Der Wahrheit in Liebe dienen." Der anfangs scheu und manchmal schüchtern wirkende Priester und Bischof ist meist nicht dröhnend, wohl aber immer wieder deutlich für diese Wahrheit eingetreten. Oft nannte man ihn einen Liberalen. Das Wort liberal ist keineswegs eindeutig. Viele verstanden und verstehen darunter eine Weite des Herzens und des Denkens, und eine solche Weite war dem Kardinal gewiss in hohem Maße eigen. Liberal im Sinne einer Aufweichung des Glaubensfundamentes der katholischen Kirche wollte er aber gewiss nie sein und war es ebenso wenig wie der von ihm verehrte, 1891 im Ruf der Heiligkeit verstorbene englische Kardinal John Henry Newman.
Nach seinem Abschied vom Amt des Wiener Erzbischofs hat der Kardinal durch 19 Jahre unzählige bischöfliche, priesterliche und schlicht mitmenschliche Dienste getan als getreuer Lastenträger für Gott und für die Menschen. Geistig bis zuletzt hellwach, las er in- und ausländi-

sche Zeitungen, neueste Bücher und meditierte immer wieder Texte aus der Heiligen Schrift. Vor allem aber war er ein stiller und getreuer Beter. Brevier und Rosenkranz begleiteten ihn durch den Tag.
Seine physische Stärke und eine überaus maßvolle Art zu leben ließen ihn ein biblisch hohes Alter von fast hundert Jahren erreichen. Lange litt er freilich an den Folgen eines schweren Autounfalls, der sich auf der Reise zum Begräbnis des von der kommunistischen Regierung verfolgten kroatischen Kardinals Stepinac ereignet hatte. Im vorletzten Lebensjahr überstand er auf allgemein bestaunte Weise einen Knochenbruch. Treue Helferinnen umsorgten ihn in den letzten Wochen und Tagen in seiner schlichten Wohnung in einem von Ordensfrauen geleiteten Seniorenheim. Am 13. März 2004 schien er zwei Stunden nach Mitternacht in einen ruhigen Schlaf zu gleiten. Als die Betreuenden um drei Uhr nach ihm sahen, schien er zu schlafen, war aber schon in eine andere Welt hinübergegangen. In seinem Testament hatte er geschrieben: „Mein Wunsch ist nur: an meinem Sarg die Osterkerze nicht zu vergessen."

Totenmaske des Philosophen und Mathematikers Blaise Pascal, 1662

Schiller-Nationalmuseum, Marbach

Bei Griechen und Römern und dann wieder seit der Renaissance war es weithin üblich, das Antlitz Verstorbener durch eine Totenmaske abzubilden und so im Gedächtnis der Nachwelt zu bewahren. Diese Maske war ein unmittelbar nach dem Tod geformter Abdruck in Gips oder Wachs und diente auch als Grundlage für Bildnisse. Solche Totenmasken sind „mächtige" Bilder. Sie dokumentieren die kurze Phase zwischen Tod und Zerfall des toten Leibes und bewirken Respekt vor der Würde des Toten auch dann, wenn er im Leben umstritten war.

Das Weizenkorn muss sterben – Die Märtyrer des 20. Jahrhunderts

Im Blick auf die Geschichte des 20. Jahrhunderts seit Beginn des Ersten Weltkriegs und besonders auf die Opfer des Kommunismus seit 1917 und des Nationalsozialismus seit den 30er-Jahren hat der sprachmächtige Theologe Hans Urs von Balthasar von einem „Heer von Gedemütigten einer furchtbaren Zeit" gesprochen. Vom „Heer von Gefolterten, Vergasten, Vivisezierten, in geschlossenen Viehwagen winters Erfrorenen, von den Stiefeln der Partei ins Antlitz Getretenen, geflissentlich Vergessenen. O Haupt, voll Blut und Wunden!"

Zu diesem Heer von Millionen Menschen zählten viele, die wegen ihres christlichen Glaubens verfolgt und getötet worden sind. Man nennt sie Märtyrer. Dieser Name ist griechischen Ursprungs und bedeutet Zeuge. Die lange Reihe solcher christlicher Zeugen beginnt in der Urkirche von Jerusalem mit dem Diakon Stephanus, der wegen seines Bekenntnisses zu Christus gesteinigt worden ist, und ist seither wohl in keiner Generation der Kirchengeschichte ganz unterbrochen worden. Besonders aber war das 20. Jahrhundert eine Zeit des Martyriums. „In unserem Jahrhundert sind die Märtyrer zurückgekehrt", sagte Papst Johannes Paul II. in seinem Apostolischen Schreiben *Tertio millennio adveniente* knapp vor der Schwelle zum dritten Jahrtausend christlicher Zeitrechnung.

Die meisten dieser Blutzeugen waren Opfer des Kommunismus und des Nationalsozialismus. Darüber hinaus starben in Afrika, Lateinamerika und Asien viele Christen durch Gewalt infolge politischer Anarchie, als Opfer von Verfolgung durch fanatische Anhänger nichtchristlicher Religionen oder wegen ihres Einsatzes für mehr soziale Gerechtigkeit. Zwei solcher Opfer seien hier stellvertretend für alle anderen genannt, nämlich der Kämpfer für die Bürgerrechte der Afro-Amerikaner in den USA, Martin Luther King, und der während eines

Gottesdienstes am Altar erschossene Erzbischof von San Salvador, Oskar Romero.

„Gerade wenn ich schwach bin, bin ich stark", hat der Apostel Paulus über sich selbst im zweiten Korintherbrief gesagt. Dieses Paradox gilt besonders auch für Christen, die zum Martyrium als dem Ernstfall des christlichen Glaubens herausgefordert sind.

Der russische Schriftsteller Alexander Solschenizyn, der wegen seines politischen Widerstands gegen das kommunistische Regime Jahre als Zwangsarbeiter in Sibirien verbringen hatte müssen, wusste von der Macht des scheinbar wehrlosen Wortes im Dienst der Wahrheit und sagte: „Ein guter Schriftsteller ist immer so etwas wie eine zweite Regierung. Darum lieben die Regierungen nicht die guten Schriftsteller, sondern die mittelmäßigen." In seiner Rede zur Verleihung des Nobelpreises für Literatur, die in Stockholm in seiner Abwesenheit verlesen werden musste, findet sich die kühne Aussage: „Ein Wort der Wahrheit wird die ganze Welt aufwiegen."

Die Märtyrer aller Generationen haben solche Worte nicht nur gesagt, sondern gelebt. So wurde ihre ganze Existenz zu einem Wort, das tröstete, aber auch provozierte, das zur Entscheidung zwischen Zustimmung und radikaler Ablehnung bis zu Hass, Totschlag und Mord herausgefordert hat.

Der Name Märtyrer bleibt in der Regel christlichen Wahrheitszeugen vorbehalten. Unzählige edle Menschen, die außerhalb des Christentums wegen ihrer religiösen oder politischen Überzeugung sterben oder eine drastische Lebensminderung erleiden mussten, kann man aber in einem analogen Sinn wohl ebenfalls Märtyrer nennen. Der Hebräerbrief des Neuen Testaments nennt im 11. Kapitel eine ganze „Wolke" solcher Zeugen des vorchristlich-biblischen Glaubens und zählt einige ihrer Leiden auf: „Sie wurden gefoltert, nahmen aber den Loskauf nicht an, damit sie einer besseren Auferstehung teilhaft würden. Andere wurden erprobt unter Spott und Schlägen, dazu noch unter Ketten und Gefängnis. Sie wurden gesteinigt, gefoltert, zersägt, starben durch das Schwert, irrten umher in Schafspelzen, in Ziegenhäuten, sie darbten, wurden bedrängt und misshandelt. Sie, deren die Welt nicht wert war, irrten umher in Einöden, auf Bergen, in Höhlen und in den Klüften der Erde."

„Das Blut der Märtyrer ist der Same, aus dem neue Christen erwachsen", hat der frühchristliche Lehrer Tertullian im 2. Jahrhundert gesagt. Das von den Märtyrern des 20. Jahrhunderts vergossene Blut hat seine Fruchtbarkeit schon bisher auf vielfältige Weise erwiesen und wird auch in Zukunft fruchtbar sein. Diese Wahrheitszeugen sind mit dem biblischen Weizenkorn vergleichbar, das in die Erde fallen und sterben muss, um aufgehend viel neue Frucht zu bringen.

Mark Rothko
„Bis das Licht hervorbricht"

„Es gibt nur eine Methode, um Bilder zu verstehen – nicht versuchen, sie zu interpretieren, sondern sie solange anschauen, bis das Licht hervorbricht." Dieses Wort der französischen Mystikerin Simone Weil gilt besonders für die Bilder von Mark Rothko. 1903 wurde er als Kind einer gebildeten jüdischen Familie in der russischen Stadt Dwinsk geboren, die heute wieder zu Litauen gehört. Sein Vater, ein Apotheker, war nach einer religiös liberalen Lebensphase zur jüdischen Orthodoxie zurückgekehrt, und der Sohn Markus besuchte eine religiöse Schule. Als Zehnjähriger übersiedelte er mit der Familie in die USA, wohin der Vater sich als Wegbereiter schon vorher begeben hatte. Fast zufällig geriet der vielseitig begabte Markus in eine Ausbildung zum Künstler. Sein Schaffen als Maler dauerte 45 Jahre und führte ihn durch Phasen von Realismus und Surrealismus nach Jahren des suchenden Übergangs zu einem abstrakten Expressionismus in der Zeit von 1949 bis zu seinem Tod durch Selbstmord am 25. Februar 1970.

Die Künstler dieses abstrakten Expressionismus, unter ihnen neben Rothko vor allem Barnett Newman, verschafften der amerikanischen Malerei erstmals und für Jahrzehnte eine führende Rolle in der Welt. Vorher hatte seit dem Ende des 19. Jahrhunderts Paris dominiert. Diese amerikanischen Maler und zumal Rothko forderten die Sehgewohnheiten des Publikums auf in Amerika nie dagewesene Weise heraus. Jacob Baal-Teshuva zitiert in seinem Buch *Mark Rothko, 1903–1970. Bilder als Dramen* den jungen Maler William Seitz, der das Anliegen der Maler des abstrakten Expressionismus folgendermaßen beschrieben hat: „Ihnen geht Ausdruck über Perfektion, Vitalität über Vollendung, das Fließende über das Ruhende, das Unbekannte über das Bekannte, das Verschleierte über das klar zu Tage Tretende, das Individuelle über das Gesellschaftliche und das Innere über das Äußere."

Rothko war ein profilierter Intellektueller, ein sehr gebildeter Mann. Eine der Quellen seiner Inspiration war Musik, besonders die Musik Mozarts, die ihn häufig beim Malen begleitete. Die Malerei wollte er auf jene Stufe heben, die der Musik eigen ist, und wurde dazu vielleicht auch durch die Befassung mit Nietzsche und dessen Werk *Die Geburt der Tragödie* bewegt. Er verehrte große europäische Kunst. Paris enttäuschte, aber die Fresken des seligen Malermönchs Fra Angelico im Kloster San Marco in Florenz beeindruckten ihn – so schreibt Jacob Baal-Teshuva – „mit ihrem überirdischen Licht und ihrer meditativen Ruhe". Dennoch vollzog er einen radikalen Bruch mit der Kunst der Vergangenheit und ihren Techniken und Motiven. In seinen Bildern wollte er Tragödie und Ekstase erfahrbar machen.

Mystik und Erhabenheit, ja Heiligkeit dominieren nach Auffassung vieler Kunstkenner im Spätwerk Rothkos. Er hatte vorher das gesamte Farbspektrum ausgeschöpft. In frühen Phasen wählte er vor allem strahlend leuchtende Farben, zumal Gelb und Rot. Später werden die Bilder zunehmend dunkler und geheimnisvoller. „Leute, die vor meinen Bildern weinen, machen dieselbe religiöse Erfahrung, die ich gemacht habe, als ich sie malte, ... wenn sie nur durch ihre Farbbeziehungen angesprochen werden, dann entgeht ihnen das Entscheidende", sagte Rothko, der nicht mehr als „abstrakter Künstler" verstanden werden wollte, weil es ihm auch um Inhalte ging.

Die letzte Zeit seines Lebens war überschattet von Depressionen. Er war melancholisch und einsam, schien seine Inspiration und Leidenschaft verloren zu haben und nahm sich schließlich das Leben. Erst nach seinem Tod wurde im Campus einer katholischen Universität in Houston eine Rothko-Kapelle eröffnet: ein fensterloser Raum mit fast nachtschwarzen großen Bildern. Bei der Einweihung dieses interreligiösen Sakralraumes sagte der Stifter des Werkes: „Wir werden mit Bildern überschüttet, und nur die abstrakte Kunst kann uns an die Schwelle zum Göttlichen führen. Es erforderte großen Mut von Rothko, so nachtschwarze Bilder zu malen." Und die Kunsthistorikerin Barbara Rose sagte: „Die Gemälde scheinen auf mysteriöse Weise von innen zu glühen." Das eingangs zitierte Wort der Mystikerin Simone Weil trifft wohl auf alle Bilder Rothkos zu: Es bricht viel Licht aus ihnen hervor, wenn man sie lange betrachtet.

Madeleine Delbrêl

„Du gibst alles – warum? Warum?"

Zu den erstaunlichsten Frauen, die Frankreich im 20. Jahrhundert hervorgebracht hat, zählt Madeleine Delbrêl, die den größten Teil ihres sechzig Jahre dauernden Lebens in Paris und im Arbeitermilieu der Pariser Bannmeile verbracht hat. 1904 wurde sie in einem Städtchen der südfranzösischen Gascogne geboren. Ihre Mutter war eine typische „Tochter aus gutem Hause" und geprägt durch eine konventionell-katholische Frömmigkeit. Der Vater, ein künstlerisch begabter Freidenker, kirchenfern und stark verwurzelt in den Ideen der Französischen Revolution, litt unter dem ihm auferlegten Beruf eines Eisenbahnbeamten. Die Tochter Madeleine war intellektuell und künstlerisch hoch begabt. 1920 begann sie Studien der Philosophie, der Geschichte und der Kunst an der Pariser Sorbonne und absolvierte daneben Mal- und Tanzstunden. Jahrzehnte später sagte eine polnische Freundin über sie: „Alles an ihr war zart und leicht, die Leichtigkeit einer großen Meisterin. Sie war klein, schmal, sehr lebhaft, humorvoll und von einem besonderen Charme – und wirkte auch mit sechzig Jahren ganz jung, manchmal fast wie ein Kind." Als Kind noch stark religiös, verlor Madeleine diesen Glauben nicht zuletzt angesichts der Katastrophe des Ersten Weltkriegs und sagte später: „Mit fünfzehn war ich strikt atheistisch und fand die Welt täglich absurder."

Die Begegnung der Neunzehnjährigen mit dem tiefgläubigen Ingenieurstudenten Jean Maydieu führt zu einer Verlobung, doch trennt sich Jean bald darauf und wird Dominikaner. Madeleine erkrankt ernstlich infolge des Schocks dieser Trennung. Nun erblindet auch der Vater und wird bis kurz vor seinem Tod 1955 als ein Verzweifelter seiner Familie eine quälende Last sein.

Bei Madeleine beginnt eine langsame Hinwendung zum Glauben. Es ist eher eine Umkehr als eine Heimkehr, denn sie hat im Haus des Glaubens nur als Kind zeitweise wirklich gewohnt. Begegnungen mit glaubhaften Christen und mit Büchern, darunter die Schriften von Paul Claudel, bringen sie auf ihrem Weg voran. Christus erscheint ihr nun als ein Wanderer, der bei ihr einkehrt:

Um seine staubbedeckten Füße auszuruhn,
Betrat er meine Schwelle und setzte sich zu Tisch,
und ich erkannte ihn, als er mir brach das Brot ...

Mit keiner Halbheit zufrieden, intensiviert Madeleine die Suche nach Gott. Sie tut es auf dem Weg über die Kunst, über die Literatur und erwägt sogar den Eintritt in ein Kloster der Karmelitinnen, doch wächst die Gewissheit, dass sie das Unbedingte des Karmels ohne bergende Klostermauer, ohne Ordenskleid und schützendes Gitter leben soll. Die Begegnung mit der Pfadfinderbewegung in ihrer Pariser Wohnpfarre eröffnet ihr die Welt der Kranken, Gescheiterten, Alleingelassenen und durch das Leben Verbitterten. Mehr und mehr ersetzt ihr das Evangelium alle anderen Bücher. 1931 beginnt sie das Studium der Sozialarbeit und übersiedelt zwei Jahre später mit drei Gefährtinnen in die Arbeiterstadt Ivry nahe bei Paris. Der Weg dorthin umfasst nur wenige Kilometer und erscheint ihnen dennoch wie eine Reise in eine andere Welt. Ivry ist eine kommunistisch regierte Stadt. Die katholische Pfarrei führt dort ein Ghettodasein und wird als feindlicher Fremdkörper in diesem Sozialgefüge empfunden. Die vier Frauen übernehmen zunächst das kirchliche Zentrum des Sozialdienstes nahe der Pfarrkirche und beginnen ein gemeinsames Leben entsprechend urchristlichen Idealen. Bald aber übersiedeln sie in die

Nähe des kommunistisch regierten Rathauses. Dieser Ortswechsel ist auch ein Symbol für den Wechsel der Perspektive. Sie wollen in der Nachfolge Christi „schonungslos alles ablegen, was uns daran hindert, von denen verstanden zu werden, bei denen wir leben". Sie wollen ein ganz gewöhnliches, unauffälliges Leben führen, ein Leben der ganz Kleinen, ein Leben der „Leute von der Straße". Dreißig Jahre sollte es dauern, bis sie 1964 plötzlich sterben würde, mitten in der Zeit des Zweiten Vatikanischen Konzils.

Madeleine Delbrêl und ihre Gemeinschaft begegnen anfangs einem starken Misstrauen. Wer aber das Evangelium so wahrhaftig lebt wie sie, der findet schließlich Freunde auch unter denen, die nicht an Gott glauben. Ivry war damals die „Hauptstadt" der Kommunistischen Partei Frankreichs. Ihr Generalsekretär Thorez bot 1936 den Christen die Zusammenarbeit an. Frau Delbrêl und der neue Pfarrer von Ivry nahmen dieses Angebot an. Bald schon gab es Verbindungen zu anderen Aufbrüchen im französischen Katholizismus. So mit der Bewegung der Arbeiterpriester, die schließlich 1959 scheitern sollte. Die Kardinäle Suhard und Feltin von Paris begleiteten diese Entwicklung mit oft besorgtem, aber ungebrochenem Wohlwollen.

Durch ihre geistlichen, auch literarisch kostbaren Schriften, aber auch durch ihr Mitleiden mit diesen Erneuerungsbewegungen trug diese „Ikone Christi" in Ivry viel zu einem religiösen Aufbruch in Frankreich bei. Einige Jahre vor ihrem Tod hatte eine Zigeunerin sie bedrängt, in ihrer Hand lesen zu dürfen, und dann gesagt: „Du hast viel gelitten! ... Warum gibst du alles, was du hast? Manche Leute sind es wert, manche nicht. Du gibst alles – warum? Warum?" Die Antwort auf diese Frage findet sich im Evangelium. Das „Gesetz" Madeleines war die Liebe. Am 13. Oktober 1964 starb sie unerwartet an einer

Gehirnblutung an ihrem Schreibtisch. Sie hatte alles gegeben. Sie war wie eine Kerze, die an beiden Enden brannte. Zu ihrem Vermächtnis zählt auch ein kostbarer Text über die Liebe:

Vergisst du die Liebe, so machst du dich lächerlich;
verrätst du sie, wirst du ein Ungeheuer.
Keine Gerechtigkeit kann ohne ihr Gesetz auskommen.
Wendest du dich von ihr ab, um Größeres zu empfangen als sie,
so ziehst du den Reichtum dem Leben vor.
Wendest du dich von ihr ab, um Besseres zu verschenken als sie,
so beraubst du die ganze Welt des einzigen Schatzes,
den zu geben der Grund deines Daseins ist.

Dag Hammarskjöld

„Zeichen am Weg“

Der Mann, dessen fast unversehrter Leichnam am 18. September 1961 neben dem geplünderten und ausgebrannten Wrack einer Sondermaschine der Vereinten Nationen im afrikanischen Ndola nahe der Grenze der Kongoprovinz Katanga gefunden wurde, war UN-Generalsekretär Dag Hammarskjöld. 1953 war er auf fünf Jahre in dieses Amt berufen und im Herbst 1957 trotz vieler Angriffe gegen seine unbeugsam korrekte Amtsführung einstimmig für weitere fünf Jahre wiedergewählt worden. In sein Tagebuch hatte er 1956 als ihn leitende Sätze eingetragen: „Durch Unrecht – niemals Recht. Durch Recht – niemals Unrecht.“ Während seiner Amtszeit war die Welt schweren Erschütterungen ausgesetzt. Dies zumal im Jahr 1956 infolge der Verstaatlichung des Suezkanals durch Ägypten und der Unterdrückung der Ungarn durch die Sowjetunion. Nach der 1960 geschehenen Entlassung des Kongo in die Unabhängigkeit rebellierte die reiche Provinz Katanga gegen die Zentralregierung des Patrice Lumumba. Diese Krise veranlasste die Vereinten Nationen zu militärischem Beistand für Lumumba gegen den Willen der Regierungen von Russland, England und Belgien. Hammarskjöld wollte nach Ndola reisen, um mit der abtrünnigen Provinz Katanga über einen Waffenstillstand zu verhandeln. In seinem Zimmer in Leopoldville ließ er seine letzte Lektüre zurück. Es war das Buch *Nachfolge Christi* des spätmittelalterlichen geistlichen Meisters Thomas a Kempis.

Bis heute ist nicht geklärt, ob das Flugzeug des UN-Generalsekretärs abgeschossen worden oder aus einem anderen Grund abgestürzt ist. Man kennt auch nicht die direkte Ursache für seinen Tod. Neben dem Heck des Flugzeugwracks fand man seinen Leichnam, der bis auf zwei kleine und keineswegs tödliche Wunden an Kinn und Stirn unversehrt war. Vierzehn andere Passagiere waren tot, der einzige

Überlebende starb bald nach dem Verhör durch die Polizei Nordrhodesiens. Das hierüber angefertigte Protokoll wurde nicht veröffentlicht. Die Nachrufe auf den toten Politiker würdigten ihn als Friedensstifter von Rang, als durchsetzungsfähigen, kühlen Unterhändler. In seiner Heimat Schweden stellte man ihn als verschlossenen Menschen dar: als Bergsteiger, Naturfreund und intellektuellen Märtyrer, dem man den Friedensnobelpreis auf den Sarg gelegt hatte. Das der Öffentlichkeit zugängliche Bild des Verstorbenen wandelte sich aber auf entscheidende Weise, nachdem in seiner Hinterlassenschaft ein Manuskript mit tagebuchartigen Aufzeichnungen entdeckt und 1963 unter dem Titel *Vägmarken,* was „Zeichen am Weg" bedeutet, in Stockholm veröffentlicht worden war. Hammarskjöld hatte in einem nachgelassenen Brief einen Stockholmer Freund dazu ermächtigt. Die Notizen umspannen die Zeit von 1925 bis zum 6. August 1961 und zeigen den Abkömmling einer alten schwedischen Adelsfamilie als religiösen Denker, als Mann des Gebets, als christlichen Staatsmann, ja als Dichter. Er selbst nannte diese Aufzeichnungen „eine Art Weißbuch meiner Verhandlungen mit mir selbst und mit Gott". Es sind schonungslose „Verhandlungen" eines unter Menschen einsam gebliebenen Mannes, dessen Vater während des Ersten Weltkrieges ein sich in Pflichterfüllung verzehrender, aber nicht beliebter Ministerpräsident Schwedens gewesen war und dessen tieffromme Mutter einer Familie von Gelehrten und Geistlichen entstammte.

Vieles im Tagebuch bleibt Andeutung. Der Verfasser erblickte die höchste menschliche Reife in der Entpersönlichung als (mögliche) Gestalt der Nachfolge Christi. Als Leitwort ist den *Vägmarken* ein Satz des schwedischen Dichters Bertil Malmberg vorangestellt: „Nur die Hand, die ausstreicht, kann das Rechte schreiben." Das Weglassen unnötiger Worte und das Ahnenlassen des Unsagbaren gehören zur Kunst des Dichters und wohl auch des Theologen. Viele Male ist in den Notizen die Rede vom Opfer, ein Begriff, der sich im Lauf der Jahre klärt. Opfer ist das Zurückgeben der Gabe Gottes an Gott. Es vollendet sich im Tod des einsamen Denkers und Beters Hammarskjöld. Als evangelischer Christ lebte er im Zölibat und verglich sich dabei mit dem katholischen Priester: „Einige sind erwählt, an die Schwelle der endgültigen Überwindung geführt zu werden, zum Schöpfungsakt des Opfers statt zu körperlicher Vereinigung – in einem Blitzschlag von der gleichen blendenden Kraft."

Kurz vor dem Weihnachtstag 1957 hatte der UN-Generalsekretär im Tagebuch notiert: „Der Narr schrie auf dem Markt. Keiner blieb stehen, um zu antworten. So bestätigte es sich, dass seine Thesen unwiderlegbar waren." Der dies schrieb, hatte nie auf dem Markt geschrien. Er hatte auch sein Leben mit Gott und in Gott verschwiegen. Als der Band *Vägmarken* in Stockholm erschien, hatte er einen sensationellen Erfolg, obwohl dieses Buch eigentlich alle Erwartungen enttäuschen musste. Nichts sprach darin von Politik, Wirtschaft und Gesellschaft – jener Welt, in der Hammarskjöld zu Hause war. Man kannte zwar Zeugnisse seiner Befassung mit Philosophie und Literatur, war aber verblüfft, nun in dem kühlen, verschlossenen Politiker einem religiösen Denker zu begegnen, liest man im Vorwort der deutschen Ausgabe von 1965. Das kleine Buch ist ein heute für viele wieder verborgener Schatz im Ensemble profunder spiritueller Literatur des 20. Jahrhunderts. Es wartet auf eine Neuentdeckung.

Marie Luise Kaschnitz
„Du entfernst dich so schnell“

Du entfernst dich so schnell
Längst vorüber den Säulen des Herakles
Auf dem Rücken von niemals
Geloteten Meeren
Unter Bahnen von niemals
Berechneten Sternen
Treibst Du
mit offenen Augen.

Mit diesen Verszeilen beginnt eines der Gedichte, die Marie Luise Kaschnitz in nie überwundenem Schmerz über den Tod ihres Mannes geschrieben hat. Guido von Kaschnitz, ein Humanist und Kenner der römisch-griechischen Antike von hohem Rang, starb im Jahr 1958. Diese Requiem-Gedichte sind Frucht einer „Trauerarbeit“ und gehören zum Kostbarsten im lyrischen Werk der Dichterin. Sie hat, wie Karl Krolow würdigend sagte, in jeder Art von Schmerz eine Disziplin, eine Würde bewahrt, die verhinderte, dass ihre Verse „vor Schreck versteinerten“.

Als „Säulen des Herakles“ wurden in der Antike jene Felsen bezeichnet, welche die Meerenge von Gibraltar am Westrand des Mittelmeeres umschließen. Ein Mythos erzählt, dass der Halbgott Herakles sie dorthin gesetzt habe. Im Westen jenseits von Gibraltar erstreckt sich der unermessliche Atlantische Ozean. Ein anderer griechischer Mythos erzählt, dass der rastlose Odysseus nach seiner Rückkehr in die Heimat Ithaka nicht dort verblieben, sondern nochmals aufgebrochen sei zu einer letzten Reise – dieses Mal nach Westen und vorüber an den Säulen des Herakles auf den Atlantik – und dass er dort schiffbrüchig zu Grunde gegangen sei.

In ihrer trauernden Imagination sieht Marie Kaschnitz den toten Gatten auf dem Meer westwärts treiben und in die Vergangenheit entschwinden. Während der Osten in ein Morgenland weist, ist der Westen in antiker und mittelalterlicher Vorstellung dem Abend und schließlich dem Tod zugewendet. Die Dichterin redet den sich entfernenden Toten an und sagt ihm, dass er ihr und durch sie dennoch gegenwärtig bleibt:

Dein Schweigen
Meine Stimme
Dein Ruhen
Mein Gehen
Dein Allesvorüber
Mein Immernochda.

In einem anderen der Requiem-Gedichte wendet sich die Dichterin den Lesenden zu und sagt:

Ihr sollt in mir sehen
Einen von Zweien
Und hinter meinen Worten
Unruhig horchen
Auf die andere Stimme.

Der Zweite, von dem hier gesprochen wird, ist der verstorbene Guido von Kaschnitz. Ihm will die Dichterin ihre Stimme leihen. Und ihre Gestalt soll als eine Art von Ikone auf seine sich im Gedenken der Nachwelt langsam oder schnell auflösende Gestalt verweisen. Das Gedicht schließt in seiner vierten Strophe mit den sich ebenfalls an die Lesenden wendenden Zeilen:

Ihr sollt sehen wie meine Wunde
Zu glühen beginnt
Wenn die Welle kommt
Der Muschelgeruch der Häfen
Wenn im Buchenwald unsichtbar
Maisingen die Vögel.

Die trauernde Dichterin trägt eine unauslöschbare Wunde, die nicht mehr blutet, aber leuchtet. Und wenn die Erinnerung an den Toten aufwacht und wie eine ans Ufer schlagende Welle andrängt, dann verstärkt sich das Leuchten zu einem Glühen.
In einem dritten Gedicht mit dem Titel *Abgesang* fragt die Dichterin der Reihe nach eine Fährfrau mit einem runden Hut, einen Hirten mit einem toten Lamm und einen Bergmann mit einem weißen Licht, ob sie den Toten gesehen hätten:

Was stand auf seinem Gesicht geschrieben?
Frieden, sagten alle, Frieden.

Ausschwingend rühmt die Kaschnitz den Toten in einem vierten Gedicht: dass er große Achtung hatte vor den Armen, dass er seine Gedanken mit Leidenschaft verfolgte wie der Jäger den Hirsch, dass er jedem die Würde zurückgab, die jedermann hatte. Und sie sagt, dass sie schweigen möchte „über das, was nur uns beide anging. Über die Namen, die wir uns gaben. Täglich neue." Das Gedicht schließt mit dem Bekenntnis der Trauernden, dass sie gebettet sei „Im Schoße Geheimnis ... Im Ohnedauer. Im Baldbeidir." Sechzehn Jahre später, am 10. Oktober 1974, ist Marie Kaschnitz selbst über die Schwelle gegangen, deren anderer Seite ihre Hoffnung auf ein „Baldbeidir" zugewendet war ...

Egon Schiele

Versinkende Sonne, 1913

Öl auf Leinwand, Leopold Museum, Wien

Eros und Tod sind die Hauptthemen im Werk von Egon Schiele (1890–1918), einem der bedeutendsten österreichischen Maler des 20. Jahrhunderts. Das Thema „Tod“ zeigt sich in seinen Darstellungen von Menschen ebenso wie in den Stadt- und Landschaftsbildern, die einen großen Teil dieses Werkes ausmachen. Das im Jahr 1913 entstandene Gemälde „Versinkende Sonne“ vermittelt vor allem durch die Darstellung fast entlaubter Bäume vor einer abendlich schönen Landschaft im Hintergrund eine Stimmung wehmütig machenden Abschieds.

Reinhold Schneider

„Verhüllter Tag“

Am 7. März 1958, es war ein Karsamstag, kam der Dichter Reinhold Schneider in Freiburg im Breisgau auf dem Heimweg von einer Kirche zu Sturz und erlitt eine schwere Kopfverletzung. Er starb daran am folgenden Ostersonntag im Loretto-Krankenhaus. So endete ein Leben von 55 Jahren, das von viel Tragik und Leid überschattet war.

Der als Dramatiker, Dichter, Kritiker, Historiker, Theologe und Kulturphilosoph wirkende Katholik war in Baden-Baden als Sohn eines evangelischen Hoteliers und einer katholischen Mutter geboren worden, zu deren Vorfahren der Arzt Mesmer, Entdecker des „Mesmerismus“, zählte.

Überaus sensibel und schon früh der Literatur zugewandt, geriet Schneider nach dem finanziellen Ruin des Vaters im Jahr 1922 in eine schwere Krise, die zu einem Selbstmordversuch führte. Es folgten Jahre in Dresden, geprägt durch Broterwerb als Übersetzer und Geschäftskorrespondent und durch intensive Sprachstudien, verbunden mit der Lektüre von großer Dichtung und Philosophie. Ab 1928 lebte er als freier Schriftsteller in meist bescheidenen Verhältnissen und unternahm Reisen nach Portugal und Spanien, später auch in andere Länder Europas. Dabei entstanden zahlreiche literarische Werke. Allemal ging es darin um die Geschichte großer einzelner Menschen und ihrer Völker sowie deren Bezug zur Gegenwart. Eine tiefe Einsicht in Schuld und Tragik prägt wie ein durchlaufendes Webmuster fast alle seine Texte.

Ab 1932 lebte Schneider für fünf Jahre in Potsdam bei Berlin, unterbrochen vor allem durch Reisen nach England. Schon früh erkannte er die Dämonie des Nationalsozialismus. 1937 kehrte er in die katholische Kirche zurück und sagte darüber: „An einem Neujahrstag ging ich in Potsdam zum ersten Mal zur heiligen Messe seit vielleicht

zwanzig Jahren. Ich kam wie einer, der die Sprache verlernt hat, in die Heimat." 1938 übersiedelte er nach Freiburg. Diese Stadt blieb sein Wohnort bis zu seinem Tod.
Der Widerstand des Dichters gegen die Machthaber des „Dritten Reiches" war nicht trompetenhaft. Er war mächtig auf eine stille Art, deren Kraft und Gefährlichkeit vom dafür nicht sensiblen Regime erst allmählich erkannt wurde. In seinem Werk *Las Casas vor Karl V.* erhob er auf verschlüsselte Art Protest gegen die Verfolgung der Juden durch die Nationalsozialisten. Seine Texte, vor allem seine Sonette, zirkulierten während des Krieges in Millionen von Exemplaren, die illegal im von Deutschland besetzten Elsass gedruckt oder von Hand abgeschrieben worden waren. Josef Rast hat darüber gesagt: „Auf kleinen Zettelchen gingen die Deutungen und Aussagen Schneiders von Hand zu Hand: in den Brandnächten, in den Konzentrationslagern, in den Verliesen der Verlorenen. Sie lagen auf der Brust derer, die über Kasernenhöfe zur Exekution schritten, steckten in den Jacken der Frontsoldaten. Und allen brachten sie Hoffnung, Vertrauen und Mut." Am bekanntesten wurde ein Sonett, dessen erste Strophe lautet:

Allein den Betern kann es noch gelingen,
Das Schwert ob unsern Häuptern aufzuhalten
Und diese Welt den richtenden Gewalten
Durch ein geheiligt Leben abzuringen.

Im Jahr 1944 wurde schließlich von den staatlichen Behörden der Druck von Schriften dieses großen Wahrheitszeugen verboten und er wurde als Staatsfeind angeklagt. Das Ende des Krieges verhinderte seine Verurteilung wegen „Vorbereitung zum Hochverrat". Nach dem Krieg wurden ihm zahlreiche Ehrungen zuteil. 1951 trat er aber öffentlich gegen die Wiederbewaffnung und die atomare Bewaffnung Deutschlands auf. Entsprechend seiner Überzeugung, die in einem radikal christlichen Glauben verankert war, sollte Deutschland als Sühne für die Untaten des Nationalsozialismus für immer auf Waffen verzichten. Diese Haltung brachte ihn in einen Gegensatz zu einer großen Mehrheit der Bevölkerung und der Politiker. Man unterstellte ihm politische Naivität, die lediglich den kommunistischen Machthabern in Moskau und Ostberlin nützlich sei. Der Dichter aber verharrte in seiner Überzeugung und stellte sich in die lange Reihe derer, die die Torheit des Kreuzes der Weisheit dieser Welt vorgezogen und dafür gelitten hatten. Bisher hatte er versucht, seine Person hinter seinem Werk möglichst zu verbergen. 1954 veröffentlichte er aber das autobiographische Buch *Verhüllter Tag*. Schon der Titel gab Auskunft über die sich verdunkelnde Situation des Verfassers. Schwermut hatte schon sein bisheriges Leben begleitet. Ihr Gewicht war durch den christlichen Glauben immer wieder gemindert worden. Nun aber wurden die Schatten länger. Zur bisher fast ausschließlichen Befassung mit der Geschichte von Menschheit und Kirche und ihrer Größe und Tragik trat ein starkes Interesse für die Natur mit ihren ehernen Gesetzen von Stirb und Werde, von Fressen und Gefressenwerden. Er litt darunter. Gott wurde ihm fremd und fern. Viele christliche Mystiker hatten ähnliche Wüstenerfahrungen erlitten und überwunden. Reinhold Schneider aber verblieb in dieser Wüste bis zum Tod. Sein letztes Buch *Winter in Wien* ist ein erschütterndes Dokument dieser Situation. Er, der während des Zweiten Weltkrieges für Millionen von Menschen durch seine christlich geprägten Schriften ein Tröster gewesen war, blieb nun – so scheint es – selbst ohne Trost. Sein zum

Tod führender Sturz am Karsamstag vereinte ihn mit dem Abstieg Christi zu den Toten, und sein Tod am Ostersonntag war ein Zeichen der Hoffnung auf Osterlicht auch für diesen großen Menschen und Dichter. Einer von seinen Freunden, der Dichter Werner Bergengruen, hielt ihm am 10. April 1958 auf dem Friedhof in Baden-Baden die Grabrede und zitierte abschließend eine Strophe des Gedichtes *Grablied,* das Reinhold Schneider mehr als zehn Jahre früher verfasst hatte. Der Text lautet:

Wer heimlich Christi Leiden
An seinem Leib gespürt,
wird im Hinüberscheiden
vom ersten Glanz berührt;
Wer Christi Tod erlitten,
wird mit ihm auferstehn;
wo er hindurchgeschritten,
da wage ich's zu gehn.

Pierre Teilhard de Chardin

Ein österlicher Mensch

Am Ostersonntag 1955 starb in New York der französische Jesuit Pierre Teilhard de Chardin. Einige seiner Freunde wussten, dass er Jahre vorher einmal gesagt hatte, es sei sein Wunsch, an einem Ostertag sterben zu dürfen. Leben und Werk dieses Priesters, der als Paläontologe zugleich ein Naturwissenschafter von Weltrang war, wurden geleitet von einer christlich-österlichen Perspektive, von einem Pathos für Zukunft, das er trotz vieler Schwierigkeiten nie aufgab.

Mit dem Tod in der großen Stadt New York ging ein Leben von 74 Jahren zu Ende, das von unablässiger Wanderschaft geprägt war. Schon 1934 hatte Teilhard in einem Brief gesagt: „Wir müssen in einem gewissen Maße einen beständigen Hafen suchen. Doch wenn das Leben uns unaufhörlich losreißt, ohne uns irgendwo Wurzeln schlagen zu lassen, ist das vielleicht ein Ruf und ein Segen: die Welt wird nur von jenen begriffen und gerettet werden, die keinen Platz haben, wohin sie ihr Haupt legen können. Persönlich bitte ich Gott, mich am Rande einer Straße sterben zu lassen."

Der Pater war seit seinem Eintritt in den Jesuitenorden ein immer wieder Reisender durch viele Länder und mehrere Kontinente. Er war dies auch als Wanderer, als Grenzgänger zwischen der Welt der Naturwissenschaften und der christlichen Theologie und Spiritualität in katholischer Gestalt. 1881 war er in einem Schloss nahe der französischen Stadt Clermont-Ferrand als viertes von elf Kindern einer alten aristokratischen und profund katholischen Familie geboren worden. Clermont-Ferrand, im Herzen des französischen Zentralmassivs gelegen und umgeben von den bizarren Kegeln erloschener Vulkane, ist auch die Geburtsstadt des großen Blaise Pascal, der wie Teilhard ebenso von Naturwissenschaft wie von christlicher Religion inspiriert war, ohne aber beides in einer ähnlichen Zukunftsperspektive zu verbinden. Der Vater Teilhards, ein gebildeter und an Naturwissenschaften interessierter Landedelmann, war prägend für die frühe Zuwendung des Sohnes zu Mathematik, Geologie und Biologie. Während aber der Vater auch an Geschichte als Historie interessiert war, galt das Interesse Pierres früh und bleibend der Naturgeschichte. Im Schatten der Vulkane faszinierte ihn schon als Kind besonders die Materie: ein Stein, ein Stück Eisen. Die Mutter Pierres war – obwohl eine Großnichte des französischen Aufklärers und Kirchengegners Voltaire – eine tieffromme Frau, die ihrem Sohn die Welt der Mystik eröffnete. Dies vor allem in Gestalt der Verehrung des Herzens Jesu, die damals für den französischen Katholizismus besonders prägend war. Das Wort „Herz" sollte in der Theologie und Spiritualität des künftigen Jesuiten und Paläontologen ein Schlüsselwort werden.

Dem Besuch eines Jesuitengymnasiums folgt ein einjähriges Studium der Mathematik und 1899 der Eintritt in den Jesuitenorden. Jahre der Ausbildung verbringt er in England und Kairo, nachdem der Orden durch eine antikatholische Politik aus Frankreich verwiesen worden ist. Teilhard gehört als Jesuit zur verachteten Militärreserve, wird aber 1914 doch als Sanitäter zum Kriegsdienst verpflichtet, der bis zum Ende des Ersten Weltkrieges dauert. Pazifismus ist dem jungen Aristokraten fremd. Er ist kein kämpfender Soldat, aber ein heroischer und schließlich hochdekorierter Sanitäter. In den „Stahlgewittern" des Krieges, die er ähnlich erlebt wie Ernst Jünger, wird Teilhard bewusst, dass er – so schreibt Günther Schiwy in einer großen ihm gewidmeten Studie – „sein Leben lang an der vordersten Front Gottes stehen wird, die für ihn identisch ist mit der Linie des Fortschritts für die Menschheit. An der Front hat Teilhard Gott ‚gesehen', deshalb wird ihn die ‚Sehnsucht nach der Front' nie mehr verlassen."

In den folgenden Jahrzehnten des Lebens Teilhards dominieren geologische und paläontologische Studien. Das sich daraus ergebende evolutionäre Weltbild überträgt er auf seine christliche Spiritualität und Theologie. Auf diese Weise will er Naturwissenschaft und christlichen Glauben miteinander versöhnen. Die Impulse dazu kommen aus mystischen Erfahrungen. Er sieht das Universum in einer Entwicklung begriffen, die im kosmischen Christus ihre Vollendung finden wird. Der historische Jesus verblasst angesichts einer mystischen Schau. Teilhard gerät dadurch in Konflikt mit den Oberen seines Ordens und verbringt die Jahre von 1925 bis 1946 in einer Art von Exil als Naturwissenschaftler in China. Die in dieser Zeit entstandenen theologischen Schriften bleiben bis nach seinem Tod unveröffentlicht. Einem kurzen Aufenthalt in Paris folgen Jahre in New York, wo er schließlich, von wenigen Freunden umgeben, stirbt. Die nun beginnende Veröffentlichung seiner großen theologischen Schriften erweckt weltweit Aufmerksamkeit und trifft auf viel Zustimmung, aber auch auf heftigen Widerspruch seitens der Theologie wie der Naturwissenschaft. Man nennt ihn einerseits „einen der kühnsten Theologen des 20. Jahrhunderts" und – so Kardinal Henri de Lubac – „einen authentischen Zeugen Christi". Andererseits ist man erbost über Teilhards „unerhörte Mischung von Wissenschaft und Phantasie". Schließlich wird er durch Jahre fast vergessen. Neuerdings mehren sich aber theologische Stimmen, die nach einer zwar kritischen, aber doch positiv voreingenommenen Relektüre der geistlichen Schriften des aristokratischen Jesuiten rufen. Man nennt ihn mit Recht einen österlichen Christen, weil er für den ganzen Kosmos eine österliche Verklärung in Verbindung mit dem auferstandenen Christus erhoffte. Sein Tod an einem Ostersonntag erscheint wie ein bestätigendes Siegel auf diese Hoffnung.

Simone de Beauvoir
„Ein sanfter Tod“

Simone de Beauvoir, eine führende Repräsentantin des französischen Existenzialismus in der Literatur und Lebensgefährtin von Jean-Paul Sartre, hat das langsame, qualvolle Sterben ihrer an Krebs erkrankten Mutter in einem Buch beschrieben, das im Französischen den Titel *Une mort très douce* trägt, frei übersetzt: „Ein sehr sanfter Tod“. Die deutsche Ausgabe schwächt die darin ausgesprochene sanft-bittere Ironie ab und trägt den Titel *Ein sanfter Tod.* Nach Art eines Protokolls wird der unerbittliche Verfall der siebenundsiebzig Jahre alten Frau beschrieben, unterbrochen von Rückblendungen in das frühere Leben der Greisin. In die Biographie der Mutter verwebt Simone de Beauvoir ihre eigene Biographie und beschreibt, schonungslos nach beiden Seiten, die schwierige Beziehung zwischen Mutter und Tochter und ihre Verwandlung zu immer mehr Zuneigung, die freilich unterbrochen wird durch Augenblicke oder Phasen von Fremdheit und Gleichgültigkeit. Die Mutter ist im katholisch-kirchlichen Leben von Kindheit und Jugend an tief eingewurzelt, wenngleich sie in den letzten Wochen und Tagen ihres Lebens religiöse Übungen meidet und einfach sagt: „Ich bin zu erschöpft, um zu beten, Gott ist gut.“ Die Tochter hingegen hat sich längst jedem religiösen Glauben entfremdet und ist wie ihr Lebensgefährte Sartre von einer materialistisch-existenziellen Weltanschauung geleitet.
Sehnsucht nach dem Tod ist der greisen Mutter fremd. „Sie glaubte an den Himmel, doch trotz ihres Alters, ihrer Gebrechen und Beschwerden war sie ungestüm der Erde verhaftet und empfand vor dem Tode ein animalisches Grauen.“ Die Tochter Simone protokolliert am Beginn des Siechtums der Mutter das erstmalige Bewusstwerden von deren nahem Tod: „Für mich hatte es meine Mutter immer gegeben, und niemals hatte ich im Ernst daran gedacht, dass ich sie eines Tages,

und zwar bald, verschwinden sehen würde ... Wenn ich mir sagte: Sie hat das Alter erreicht, wo man stirbt, waren das leere Worte wie so viele andere auch. Zum ersten Mal sah ich in ihr einen Leichnam, der Aufschub bekommen hat." Françoise de Beauvoir wollte noch nicht sterben, und die sie umgebenden Menschen ließen ihr die Illusion, dass ihr noch Zeit zum Leben bliebe.

„Wüte, ja wüte gegen das Sterben des Lichts" – dieses Wort von Dylan Thomas hat Simone de Beauvoir ihrem Buch über die Mutter vorangestellt: ein Wort des Protestes gegen den Tod. Deren Begräbnis widmet sie nur einige Zeilen: „Ein junger Geistlicher las die Messe und hielt eine kurze, seltsam traurige Ansprache. Er sagte: ‚Selbst für diejenigen unter Ihnen, deren Glaube sehr stark ist, gibt es Tage, da Gott so fern ist, dass er abwesend zu sein scheint ... Doch er hat uns seinen Sohn gesandt.'" Das ist ein leises, ein wehrloses Wort des Glaubens angesichts einer kleinen Trauergemeinde mit Jean-Paul Sartre in deren Mitte. Aber es ist ein Wort, das offenbar auch die nichtglaubende Tochter berührt hat.

Ein zweites Mal hat Simone de Beauvoir das Sterben eines ihr nahe stehenden Menschen beschrieben, im voluminösen Buch über den Tod ihres Lebensgefährten Jean-Paul Sartre. Die Übersetzung ins Deutsche trägt den Titel *Die Zeremonie des Abschieds*. Sartre starb am 15. April 1980 nach einer längeren Bewusstlosigkeit. Gesundheitliche Beschwerden, die schließlich zu einem Verfall mit erniedrigenden Begleitumständen führten, hatten schon zehn Jahre vorher begonnen. Manche Kritiker des Buches rügten eine Überschreitung der Grenzen des guten Geschmacks. Andere lobten die Ehrlichkeit der Verfasserin bei der Darstellung des Verfalls und sahen darin auch eine Einladung zum Respekt vor der Würde des davon betroffenen Menschen inmitten einer Gesellschaft, die einen Kult mit Jugendlichkeit und Vitalität betreibt.

In beiden Büchern bezeugt Madame de Beauvoir ihren trotzigen Protest gegen das Sterben. Eine schonungslose Darstellung ist für sie offenbar notwendig, um die damit verbundenen quälenden Erfahrungen bewältigen zu können. Ihr ganzes literarisches Werk ist ja Ausdruck eines unbedingten, starrköpfigen Anspruchs auf Wahrhaftigkeit. Immer hat sie sich gegen den Tod, gegen das Sterben, den Verfall zum Tod hin aufgelehnt.

Im Rückblick auf Sartre sagt sie am Ende ihres Buches: „Sein Tod trennt uns. Mein Tod wird uns nicht wiedervereinen. So ist es nun einmal. Schön, dass unsere Leben so lange harmonisch vereint sein konnten.“ Die dies geschrieben hat, ist im April 1986 in Paris gestorben.

„Alles auf Gott gestellt" – Der Tod eines Jesuiten bei Albert Camus

In seinem ersten Roman *Die Pest,* veröffentlicht im Jahr 1947, hat der spätere Träger des Nobelpreises für Literatur Albert Camus das fiktive Schicksal der nordafrikanischen Stadt Oran nach Ausbruch einer Seuche dargestellt, die man unter den Bedingungen westlicher Zivilisation für nicht mehr möglich hielt. Die große Stadt wird zum Sperrgebiet, zu einem Szenario des Grauens. Es wachsen hier angesichts dieser Herausforderung aber auch Mut, Willenskraft und Nächstenliebe. Dies trifft besonders auf den Arzt Bernard Rieux zu, einen Mann, der wie Camus selbst angesichts der Absurdität der Situation nicht kapituliert. Rieux glaubt, wie Camus, nicht an Gott, doch ist die Frage nach ihm damit nicht abgetan. Nach dem qualvollen Tod eines von der Pest befallenen Kindes sagt er: „Ich werde mich bis in den Tod hinein weigern, die Schöpfung zu lieben, in der Kinder gemartert werden."
Dem Arzt Rieux als der Hauptgestalt des Romans steht der Jesuitenpater Paneloux gegenüber. Er hält bald nach Ausbruch der Seuche eine flammende Predigt, die mit dem „heftigen, hämmernden Satz" beginnt: „Meine Brüder, ihr seid im Unglück, meine Brüder, ihr habt es verdient." Das ist keine billige Schelte, sondern eine Konsequenz beharrlichen Nachdenkens über Schuld und Tragik im menschlichen Leben, geleitet auch vom Denken des heiligen Augustinus, über den Camus wissenschaftlich gearbeitet hatte. Der Doktor Rieux sagt dazu: „Paneloux ist ein Büchermensch. Er hat nicht genug sterben gesehen, und deshalb spricht er im Namen einer Wahrheit. Aber der geringste Priester, der auf dem Lande seine Gemeinde betreut und dem Atem eines Sterbenden gelauscht hat, denkt wie ich. Er wird dem Elend zu steuern suchen, ehe er es unternimmt, seine Vorzüge aufzuzeigen."
Paneloux tritt schließlich in die Sanitätsgruppen ein, die zum Beistand für die Kranken und Sterbenden entstanden sind. „Seit dem

Tag, da er lange dem Sterben eines Kindes zugeschaut hatte, schien er verändert." Doktor Rieux sagt zu ihm: „Wir arbeiten miteinander für etwas, das uns jenseits von Gebet und Lästerung vereint. Das allein ist wichtig." Nochmals besteigt der Pater die Kanzel der Kathedrale zu einer Predigt. Sie ist anders im Ton, aber er steht weiterhin unbeirrt auf dem Felsen des Glaubens und schließt mit dem Ruf: „Meine Brüder, man muss der sein, der bleibt!" Ein Zuhörer sagt darüber zu Rieux: „Wenn der Unschuld die Augen ausgestochen werden, muss ein Christ den Glauben verlieren oder darin einwilligen, dass auch ihm die Augen ausgestochen werden. Paneloux will den Glauben nicht verlieren, er wird bis ans Ende gehen."

Schließlich erkrankt der Priester selbst. Ist es die Pest? Es fehlen die Hauptmerkmale dieser Krankheit, doch der Patient muss isoliert werden. Der Arzt Rieux will bei ihm bleiben und wachen. Der Kranke lehnt dies dankend ab: „Die Ordensbrüder haben keine Freunde. Sie haben alles auf Gott gestellt." Die Ordensbrüder sind in der Kirche nicht allein, nicht ohne Zuwendung ihrer Gemeinschaft. Zuletzt aber stirbt jeder Mensch seinen eigenen Tod, und dies gilt schon gar in der Situation des Paters Paneloux. Er verlangt das Kruzifix, gibt es nicht mehr aus den Händen und sagt kein Wort mehr. Am Abend spuckt er Blut. Inmitten des rasenden Fiebers bewahrt er seinen teilnahmslosen Blick, und als er am nächsten Morgen halb aus dem Bett geworfen und tot gefunden wird, drückt sein Blick gar nichts aus. Man schreibt auf seinen Totenschein: „Zweifelhafter Fall."

Camus, den man als Vertreter eines „bekümmerten Atheismus" bezeichnet hat, lässt die Frage offen, ob Paneloux vergeblich geglaubt hat. Er setzt aber dem Priester ein respektvolles literarisches Denkmal.

DIETRICH BONHOEFFER

„Von guten Mächten wunderbar geborgen"

Im Hauptgefängnis der Gestapo in der Prinz-Albrecht-Straße in Berlin hat Dietrich Bonhoeffer kurz vor dem Neujahrstag 1945 ein Gedicht geschrieben, das später zum Text eines Kirchenliedes geworden ist. Die letzte Strophe des Gedichtes lautet:

Von guten Mächten wunderbar geborgen,
erwarten wir getrost, was kommen mag.
Gott ist mit uns am Abend und am Morgen
und ganz gewiss an jedem neuen Tag.

In dieser Zeit gab es schwerste Bombenangriffe auf die deutsche Hauptstadt. Bonhoeffer erlebte dies vor allem im Gefängnis in Berlin-Tegel. Es wurde bezeugt, dass er völlig ruhig gewesen sei, als dort die Detonationen der Bomben von den Schreien seiner Mithäftlinge begleitet wurden, die mit den Fäusten gegen die verschlossenen Zellentüren trommelten und ihre Überführung in den Bunker verlangten. Diese Gelassenheit war begründet im starken Glauben dieses evangelischen Christen. Sie spricht auch aus den letzten der von ihm verfassten Texte.
Dietrich Bonhoeffer wurde 1906 in Breslau geboren. Sein Vater war Universitätsprofessor für Psychiatrie und Neurologie. Zu seinen Vorfahren zählten Theologen, Professoren, Juristen und Künstler. Die Mutter entstammte einer aristokratischen Familie. Ab 1912 lebte die Familie Bonhoeffer mit ihren acht Kindern in Berlin. Ihr Leben war geprägt von einer christlichen, menschenfreundlichen und liberalen Tradition. Wie viele seiner Vorfahren studierte Dietrich Theologie. Er tat dies in Tübingen und Berlin und habilitierte sich dort schon im Alter von vierundzwanzig Jahren. Dem folgte ein Jahr des Studiums in New York am renommierten Union Theological Seminary. Früh

erkannte der Hochbegabte die Dämonie des Nationalsozialismus. Hitler war für ihn der Antichrist, der Zerstörer des Lebens und seiner Grundwerte, der das Negative als das Positive und Schöpferische hinzustellen vermag. Der junge Theologe verzichtete auf eine akademische Karriere, engagierte sich in der Bekennenden Kirche, jenem Teil der Evangelischen Kirche, der dem neuen Ungeist Widerstand leistete, wirkte dann als Pastor in London und verstärkte so seine ökumenischen Kontakte. Ab 1935 leitete er ein illegales Predigerseminar in der Abgeschiedenheit von Pommern. 1940 wurde dieses Seminar geschlossen. Schon 1939 war sein Leiter einer erneuten Einladung in die Vereinigten Staaten von Amerika gefolgt. Hier schrieb er hellsichtig: „Christen in Deutschland werden sich der furchtbaren Entscheidung gegenübersehen, entweder die Niederlage ihrer Nation zu wünschen, damit die christliche Kultur überlebt, oder den Sieg ihrer Nation zu wünschen und damit unsere Zivilisation zu zerstören ... Ich werde kein Recht haben, am Wiederaufbau christlichen Lebens in Deutschland teilzunehmen, wenn ich nicht die Prüfungen dieser Zeit mit meinem Volk teile." Entsprechend dieser Überzeugung kehrte Bonhoeffer nach Deutschland zurück.

Als sein Schwager Hans von Dohnany, Haupt und Organisator des Widerstandes gegen Hitler, ihn fragte, ob er bereit sei, seine ökumenischen Kontakte für diesen Widerstand einzusetzen, versagte er sich nicht. Im April 1943 wurde er von der Gestapo auf Verdacht hin gefangen genommen. Erst im September 1944 konnte ihm aber die Verbindung zur Widerstandsgruppe nachgewiesen werden. Im Gefängnis gab er seinen Mithäftlingen Mut. Sogar die Wächter hatten solche Achtung vor ihm, dass sie von ihm verfasste Texte aus dem Gefängnis schmuggelten. Manche entschuldigten sich bei ihm, wenn sie nach der Runde im Gefängnishof seine Tür abschließen mussten. Aus dem Gefängnis in Berlin-Tegel wurde er Ende 1944 in das Hauptgefängnis der Gestapo überstellt. Von dort brachte man ihn in das Konzentrationslager Buchenwald und in andere Lager. Am 9. April 1945 wurde er auf besonderen Befehl Heinrich Himmlers im Konzentrationslager Flossenbürg durch Erhängen getötet. Sein Grab ist nicht bekannt. Im schon erwähnten Gedicht zum Neujahr 1945 hatte er ahnungsvoll gesagt:

Noch drückt uns böser Tage schwere Last,
ach Herr, gib unsern aufgescheuchten Seelen
das Heil, für das Du uns bereitet hast.
Und reichst Du uns den schweren Kelch, den bittern,
des Leids, gefüllt bis an den höchsten Rand,
so nehmen wir ihn dankbar ohne Zittern
aus Deiner guten und geliebten Hand.

Dietrich Bonhoeffer war ein Christ, der eine tiefe mystische Einwurzelung im Geheimnis Gottes mit einer zum Handeln drängenden Verantwortung für Welt und Geschichte zu verbinden wusste. Dafür setzte er sein Leben ein und verstand dieses Martyrium als ein Opfer in der Nachfolge Christi. Die Erinnerung an diesen Wahrheitszeugen ist eine unbequeme Herausforderung an die Kirche und an die Gesellschaft von heute. Vieles von dem, was ihm wichtig, ja heilig war, ist schon wieder halb vergessen. Europa wird aber nicht gedeihen, wenn die Erinnerung daran nicht neu geweckt wird und zu praktischen Konsequenzen führt.

ALFRED DELP

Mit gefesselten Händen

„Es sollen einmal andere besser und glücklicher leben, weil wir gestorben sind", schrieb der Jesuitenpater Alfred Delp am 11. Januar 1945, dem Tag seiner Verurteilung zum Tod durch den Strang wegen Hochverrats, in einem Brief. Das Urteil wurde in Berlin durch den nationalsozialistischen Volksgerichtshof unter dem Vorsitz des „Blutrichters" Roland Freisler beschlossen und am 2. Februar in Berlin-Plötzensee vollstreckt. Die Asche des Leichnams verstreute man auf den Rieselfeldern der Stadt. Mit gefesselten Händen hatte Delp in seiner Gefängniszelle einige Tage vorher geschrieben, es sei sein Verbrechen gewesen, „dass ich an Deutschland glaubte, noch über seine möglichen Not- und Nachtstunden hinaus, dass ich an jene simple Dreieinigkeit des Stolzes und der Gewalt (NSDAP – Drittes Reich – Deutsches Volk) nicht glaubte, und dass ich dies tat als katholischer Christ und als Jesuit".

Alfred Delp war 1907 in Mannheim als Erstes von sechs Kindern eines kleinen Beamten geboren, katholisch getauft, aber evangelisch erzogen worden. Der katholische Pfarrer ermöglichte ihm den Weg ins Gymnasium. Dem Abitur folgte der Eintritt in den Jesuitenorden. Schon früh wandte er sich in seinen Studien und dann auch in der Praxis der sozialen Frage zu. Er suchte eine „dritte Idee jenseits von Kapitalismus und Marxismus" in Gestalt eines „personalen Sozialismus", beruhend auf einem „theonomen Humanismus". Auf Vermittlung seines Ordensoberen schloss er sich dem „Kreisauer Kreis" an. Diese gegen den Nationalsozialismus errichtete Widerstandsgruppe hatte ihr Zentrum im Schlesischen Landgut des Grafen Helmut James von Moltke und war eine Denkwerkstatt für die gesellschaftliche Erneuerung nach dem erhofften Ende des Dritten Reiches. Nach dem gescheiterten Attentat auf Hitler im Juli 1944 gelang es der Gestapo, den „Kreisauer Kreis"

Arnold Böcklin

Die Toteninsel (1. Fassung), 1880

Gefirnisste Tempera auf Leinwand, Kunstmuseum Basel

Der Schweizer Maler Arnold Böcklin (1827–1901) hat das Motiv der „Toteninsel" in mehreren Fassungen ins Bild gebracht. Als herausragendes Beispiel für eine symbolistische Kunstauffassung zeigt es eine durch Aufenthalte in Italien inspirierte Phantasielandschaft in antikisierenden Formen. Eine weiße Gestalt, vielleicht ein Todesbote, hebt sich in scharfem Kontrast von dunklen Zypressen ab. In den Berg am rechten Bildrand sind Grabkammern eingeschnitten.

aufzuspüren und dessen Mitglieder zu verhaften. Delps Name fand man in einem Notizbuch des Attentäters Stauffenberg und er wurde sogleich verhaftet. SS-Männer misshandelten ihn beim Verhör auf das Ärgste. Auf einem Kassiber berichtete Delp darüber Folgendes: „In einer Nacht, es war um den 15. August, bin ich beinahe verzweifelt. Ich wurde wüst verprügelt, in das Gefängnis zurückgefahren, abends spät. Die begleitenden SS-Männer lieferten mich ab mit den Worten: ‚So – schlafen können Sie heute nicht. Sie werden beten, und es wird kein Herrgott kommen und kein Engel, Sie herauszuholen. Wir aber werden gut schlafen und morgen früh Sie mit frischen Kräften weiter verhauen.' Ich war wie erlöst, als Alarm kam, und erwartete die tötende oder die Flucht ermöglichende Bombe: Beide blieben aus." Man wollte ihn mit dem Attentat in Verbindung bringen, konnte ihm aber im Prozess keine Beziehung zu den Vorgängen am 20. Juli nachweisen.

Vor dem Prozess hatte die Gestapo angeboten, ihn freizulassen, wenn er bereit sei, aus dem Jesuitenorden auszutreten. Er lehnte dies klar ab. Im Gefängnis von Berlin-Tegel konnte er am 8. Dezember den Besuch eines Jesuitenpaters empfangen und legte geheim die letzten Gelübde ab, die ihn endgültig an den Orden banden. Im Prozess begegnete er dem mörderischen Hass des Vorsitzenden Freisler, der eigentlich nicht als Richter, sondern als Ankläger auftrat und sich wüste Beschimpfungen gestattete.

In einem Satz, der es wert wäre, in Stein gemeißelt zu werden, hatte Pater Delp seine Sicht vom Sinn der Geschichte in Worte gefasst, indem er sagte: „Wer nicht den Mut hat, Geschichte zu machen, wird ihr armes Objekt. Lasst uns tun." Er hat viel Gutes getan. Dazu gehört auch die Rettung einer jüdischen Familie durch deren Verbergung im Untergrund.

Aus seinen letzten Aufzeichnungen erfährt man, was ihm am Ende besonders wichtig war: „So will ich zum Schluss tun, was ich so oft tat mit meinen gefesselten Händen und was ich tun werde, solange ich noch atmen darf: segnen. Segnen Land und Volk, segnen dieses liebe Deutsche Reich in seiner Not und inneren Qual, segnen die Kirche, dass die Quellen in ihr wieder reiner und heller fließen ... segnen die Menschen, denen ich Unrecht tat; segnen alle, die mir gut waren, oft zu gut."

Delp war einer von den etwa viertausend katholischen Priestern, die ihres Glaubens wegen vom nationalsozialistischen Regime hingerichtet oder ermordet worden sind.

Evelyn Waugh

„Wiedersehen mit Brideshead" – Ein mühsames Kreuzzeichen

Das Geistesleben Englands war in der ersten Hälfte des 20. Jahrhunderts und darüber hinaus besonders inspiriert durch Schriftsteller, die sich nach oft langem Suchen als Konvertiten der katholischen Kirche zugewendet hatten. In Auswahl seien hier Gilbert Keith Chesterton, Bruce Marshall, Graham Greene und Evelyn Waugh genannt.

Der 1903 in London geborene Waugh trat 1930 zum katholischen Glauben über und starb 1966. Seine vor dem Zweiten Weltkrieg geschaffenen Romane, darunter der bekannte *Tod in Hollywood,* sind geprägt durch einen satirisch funkelnden Stil und durch autobiographische Bezüge. 1945 erschien sein Hauptwerk, der während der Kriegsjahre entstandene Roman *Brideshead revisited.* Ins Deutsche übertragen lautet der Titel dieses Buches „Wiedersehen mit Brideshead". Es ist ein ernstes Buch mit ebenfalls autobiographischen Details. Religion erscheint hier als Gegenpol zur Zufälligkeit und Absurdität des modernen Lebens. Der Autor selbst sagt über sein Buch: „Dieser Roman ist nichts Geringeres als ein Versuch, dem Wirken dessen, was Gott mit einer heidnischen Welt vorhat, nachzuspüren im Leben einer englischen katholischen Familie."

Bewegend wird das Sterben des Vaters dieser Familie, des Lords Marchmain, dargestellt, der viele Jahre in Paris und Venedig gelebt hat und nun in das Haus seiner Väter zurückgekehrt ist, um hier zu sterben. Seine Rückkehr versetzt die alte aristokratische Familie in eine Krise. Einige Mitglieder haben den katholischen Glauben ihrer um dieses Glaubens willen bedrängten Vorfahren bewahrt. Sie wollen, dass der Vater nicht ohne den Beistand eines Priesters stirbt. Andere sind religiös lau geworden, so besonders auch der alte Lord Marchmain selbst. Als der Pfarrer zu ihm kommt, weist er ihn ab mit den Worten: „Ich bin nicht in extremis, ich bin seit fünfundzwanzig

Jahren kein ausübendes Mitglied der Kirche mehr." Schließlich geht es mit dem alten Mann zu Ende. Einige Angehörige hoffen, dass er stirbt, ohne es zu wissen, wollen aber den Priester doch dabei haben. Als dieser kommt, kann der Lord nicht mehr sprechen. Auf die Aufforderung, durch ein Zeichen zu bekunden, dass er die Sünden seines Lebens bereue, reagiert er nicht mehr. Der Priester gibt ihm dennoch die Absolution und salbt ihm die Stirn. Da bewegt der Sterbende langsam, mühsam die Hand gegen die Stirn.
Evelyn Waugh schreibt, er habe als Augenzeuge befürchtet, der Lord wolle das heilige Öl von der Stirne wischen und dies würde die Szene als absurd entlarven. Aber der Sterbende bekreuzigt sich. Der verschüttete Glaube der Kindheit, der Jugend, ist zu ihm zurückgekehrt. Waugh bekennt, sein eigener Weg in die Kirche sei durch dieses Erlebnis entscheidend bestimmt worden: „Mir kam aus meiner Kindheit ein Satz zurück – der Vorhang im Tempel zerriss in zwei Stücke."

ANTOINE DE SAINT-EXUPÉRY

Ein Erkundungsflug ohne Wiederkehr

Menschen von der Art des aristokratischen Franzosen Antoine de Saint-Exupéry sterben meist nicht alterssatt in einem Bett. Der als Pilot wie als Schriftsteller geradezu legendär gewordene Saint-Exupéry, den viele Franzosen in bewundernder Vertraulichkeit einfach „Saint-Ex“ nennen, stürzte mit seinem Aufklärungsflugzeug am 31. Juli 1944 bei Marseille ins Mittelmeer. Er wollte bei diesem seinem letzten Flug Luftaufnahmen machen, um die für August 1944 geplante Landung der Alliierten an der Mittelmeerküste vorzubereiten. Von Korsika aus war er gestartet und galt als spurlos verschwunden, bis im Jahr 2000 Teile eines Flugzeugwracks 70 Meter unter der Wasseroberfläche gefunden und im Jahr 2004 in Kenntnis der Registriernummer als die „Lightning“ Exupérys identifiziert wurden. Die Ursache des Unfalls bleibt ungeklärt. Man meint, die Maschine sei fast senkrecht und mit hoher Geschwindigkeit auf das Wasser gestoßen. Hatte der Pilot – wie schon einmal – vergessen, die Sauerstoffmaske aufzusetzen, und daher das Bewusstsein verloren oder war er – wie Freunde vermuten – lebensmüde geworden? Der 44-Jährige hatte einem Freund in der Nacht vor seinem Tod geschrieben: „Falls ich abgeschossen werden sollte, verschwinde ich, ohne das zu bedauern.“ Im Blick auf das Leben Exupérys kann man dieses letzte Wort wohl nicht als Ausdruck von irreligiöser Resignation deuten. Eher ist es die Bilanz eines reichen Lebenswerkes. Aus katholisch-aristokratischer Familie stammend und in katholischen Schulen erzogen, war er so etwas wie ein Pilger unterwegs zum Absoluten gewesen. Widerstand gegen Banalität und ein nicht auf Lust am Abenteuer reduzierbarer Heroismus waren ihm eigen. Was er 1943 in einem weithin bekannt gewordenen Brief an General de Gaulle geschrieben hatte, ist wohl ein Schlüsselwort seiner Spiritualität: „Ach, Herr General, es gibt nur ein Problem, ein einziges in der Welt. Wie kann man den Menschen eine geistige Bedeutung, eine geistige Unruhe wiedergeben; etwas auf sie herniedertauen lassen, was einem gregorianischen Gesang gleicht! Hätte ich den Glauben, stünde es fest, dass ich, sobald diese Zeit des notwendigen und undankbaren Jobs vorüber ist, nur noch Solesmes ertragen könnte." Solesmes war die Benediktinerabtei, von welcher eine Erneuerung des gregorianischen Chorals ausging.

Das Fliegen und das Schreiben waren bestimmend für das Leben dieses Mannes, der als Schriftsteller sehr erfolgreich war, sich selbst aber eher als einen nur nebenher schriftstellerisch tätigen Berufspiloten einschätzte. Geboren in Lyon und aufgewachsen zunächst bei seiner Familie in Südfrankreich, dann in Internaten katholischer Orden Frankreichs und der Schweiz, wollte er Marineoffizier werden, scheiterte aber bei der Aufnahmeprüfung in Paris. Im Rahmen seines Militärdienstes absolvierte er eine Pilotenausbildung und überlebte schwer verletzt seinen ersten Flugzeugabsturz. Ab 1926 arbeitete er für die Zivilluftfahrt und war achtzehn Monate lang in Cap Juby am Rand der Wüste Sahara dienstverpflichtet. Die Einheimischen nannten in bewundernd „König der Vögel". Wieder in Frankreich, veröffentlichte er seinen ersten Roman *Südkurier* und 1931, nach seiner Übersiedlung zum Postflugdienst in Argentinien, das Buch *Nachtflug*. Schließlich war er Korrespondent einer großen Pariser Zeitung. In diesen Jahren überlebte er mehrere Flugzeugabstürze, davon einen über der ägyptischen Wüste, wo ihn ein Beduine vor dem Tod durch Verdursten rettete, und einen weiteren in Guatemala auf einem Flug von New York nach Feuerland. Diese Erlebnisse kamen im Roman *Wind, Sand und Sterne* zur Sprache, der in Amerika und Frankreich größte Anerkennung fand.

Nach Ausbruch des Zweiten Weltkriegs wurde der Autor in Frankreich zum Militärdienst bei einer Aufklärungsstaffel mobilisiert. Er beschrieb seine darauf bezogenen Erlebnisse im Roman *Flug nach Arras*. Nach dem Waffenstillstand 1940 demobilisiert, ging er wieder nach New York, kehrte aber 1942 in den Militärdienst zurück. Jahre vorher hatte er gesagt, der Krieg sei „kein Abenteuer, sondern eine Krankheit", doch schloss er sich nun der Befreiungsarmee des Generals Charles de Gaulle an. Mitten im Krieg, im Jahr 1943, erschien sein wohl bekanntestes Werk *Der kleine Prinz,* eine bezaubernde märchenhafte Erzählung, die wie ein Akt von Verdrängung der schrecklichen Gegenwart des Krieges erscheint.

Obwohl Exupérys Tauglichkeit als Pilot nach all seinen Unfällen und Verletzungen in Frage stand, erwirkte er die Erlaubnis zu einer begrenzten Zahl von Aufklärungsflügen. Er endete – so schreibt Gert Pinkernell – nicht als Held im feindlichen Feuer, sondern wohl als Opfer eines trivialen technischen Defekts seines Flugzeugs.

Von den vielen Worten profunder Weisheit in seinen Büchern hat sich vor allem eines in das Gedächtnis unzähliger Menschen eingeprägt. Es lautet: „Man sieht nur mit dem Herzen gut. Das Wesentliche ist für die Augen unsichtbar."

Bruce Marshall

„Alle Herrlichkeit ist innerlich"

Zu den liebenswürdigsten Schriftstellern des „Renouveau Catholique", einer literarischen Bewegung, die zur Erneuerung des Katholizismus in Frankreich, England und Deutschland im 20. Jahrhundert viel beigetragen hat, zählt der Schotte Bruce Marshall. 1899 in Edinburgh geboren, wurde er im Ersten Weltkrieg schwer verwundet und wandte sich nach Jahren der Tätigkeit als Wirtschaftsprüfer schließlich dem literarischen Schaffen zu. Wie die meisten Autoren des „Renouveau Catholique" war auch er Konvertit zur katholischen Kirche, der er in Liebe zugetan war, ohne die Runzeln und andere Makel in ihrem Antlitz zu übersehen. Viele seiner Schriften behandeln kirchliche Themen mit einem sarkastischen Humor, der aber von einer nie ganz verborgenen Liebe beseelt ist.

Marshall war einer der erfolgreichsten katholisch geprägten Schriftsteller der 40er- und 50er-Jahre. Heute ist er nahezu vergessen. Damals aber waren seine Bücher Bestseller, und einige wurden auch erfolgreich verfilmt. Besonders bekannt waren *Das Wunder des Malachias, Keiner kommt zu kurz* und *Du bist schön, meine Freundin.* Im Roman *Alle Herrlichkeit ist innerlich* beschreibt er einige Jahrzehnte des Lebens einer armen katholischen Pfarre in Edinburgh nach dem Ersten Weltkrieg. Die Katholiken sind hier eine wenig angesehene Minderheit. Ihr Hirte ist der Pfarrer Smith, ein – um ein Wort aus den Psalmen der Bibel in Anspruch zu nehmen – „Stiller im Lande".

Es gibt viel inwendige Herrlichkeit in dieser Gemeinde, und sie tritt auch immer wieder zutage im Leben einiger ihrer Mitglieder, besonders im Leben des Pfarrers Smith, und in der Liturgie, deren Schönheit Bruce Marshall in seinen Büchern auf berührende Weise zum Leuchten bringt.

Das Schlusskapitel des Romans handelt vom Sterben des Father

Smith im Zweiten Weltkrieg nach einem deutschen Bombenangriff, der seine Kirche in Brand gesetzt hat. Die zu Herzen gehende Schilderung dieses Heimgangs nach Jahrzehnten der Seelsorge in dieser Pfarre soll hier wörtlich wiedergegeben werden: „Und auf einmal, wie er so dalag, wusste er auf dies alles eine Antwort: wie der Lahme und der Kranke zu heilen, der Arme zu belohnen sei und dass die Heiligen Gottes in Gottes Namen ihren Fisch mit dem Messer essen könnten; wie es kam, dass der Bankier der letzte sein wird und die Dirne die erste; dass eines Priesters Hand nie versagte, wenn auch seine Worte noch so platt waren; dass die Kirche innerlich voll von Herrlichkeit war, weil die Gabenfülle, die sie brachte, all ihre äußeren Mängel aufwog; warum Gott so oft schlichte und hässliche Menschen auswählte, damit sie das Werk von Engeln verrichteten; warum Gott langmütig war und die Priester langmütig sein sollten; wie machtvoll ihre Berufung war und wie gewiss ihre Weihe; und wie es kam, dass in jeglichem, was der Mensch dem Heiland zur Antwort gab, bereits die Lauterkeit der morgigen Lande lag. Es war wahrhaftig alles so einfach, und er wollte es ihnen noch sagen, ehe er von hinnen ging, doch schon wich das Ufer zurück, auf dem sie um sein Bett herumstanden, und er hatte nur noch Zeit, den polnischen Feldgeistlichen zu erinnern: ‚Vergessen Sie nicht bekanntzugeben, dass die Messe am Sonntag auf dem Fischmarkt stattfindet'."

So also stirbt der „Held" eines Romans. Katholische Priester von dieser Art gab und gibt es aber nicht bloß als Romanfiguren. Bruce Marshall konnte so faszinierende Priesterromane nur schreiben, weil er Geistlichen solchen Formats begegnet war.

Hans von Goetzen

„Auf Wiedersehen in einer anderen Welt"

Im Juli 2004 wurde ein Bericht über *Leben und Sterben des Hans von Goetzen* veröffentlicht, ein „Epitaph" aus der Feder eines Verwandten dieses aristokratischen Landwirtes aus Ostpreußen, von dem hier gesagt wird: „Er war ein Mann, der nie ein Blatt vor den Mund nahm. Im totalen Terror nach dem Attentat auf Hitler am 20. Juli 1944 brachte ihm eine Denunziation den Tod."

Von Goetzen war, wie viele ostpreußische Aristokraten seiner Generation, ein deutschnationaler Konservativer, der im Ersten Weltkrieg Soldat gewesen und schwer verwundet worden war, den Versailler Friedensvertrag ablehnte und keine Sympathie für die republikanische Staatsform aufbrachte. In diesen Kreisen wich eine anfängliche Sympathie für den Nationalsozialismus einer Distanzierung, ja Ablehnung nach Hitlers Marsch in den Zweiten Weltkrieg, über dessen Ausgang man in einem Grenzland wie Ostpreußen von Anfang an hellsichtiger urteilte als anderswo.

Der altem Adel entstammende Goetzen schloss sich nicht dem aktiven Widerstand gegen Hitler an, hielt aber mit offener Kritik an ihm nicht zurück. Mehrmals wurde er deshalb von der Staatspolizei verwarnt: So, nachdem er im März 1941 gesagt hatte, dieser Krieg sei nur zu verlieren. Wegen freimütiger Äußerungen gegen diesen Krieg bei einer Abendgesellschaft in einem Gutshof des 1939 von Polen abgetrennten Teils von Ostpreußen neuerlich denunziert, wird Goetzen 1943 von einem Feldkriegsgericht in Berlin zunächst zu einer geringen Freiheitsstrafe verurteilt. Diese Strafe wird in zwei weiteren Instanzen verschärft und am 27. Oktober 1944 schließlich in ein Todesurteil umgewandelt. Am 6. Februar 1945 wird Hans von Goetzen auf dem Gelände einer Kaserne in Berlin mit zwölf anderen Soldaten erschossen. Er hat im Lauf des vorausgehenden Instanzenzuges ein Todesurteil nicht erwartet. Ein Widerstandskämpfer ist er nicht gewesen, bekundet aber auch bei der letzten Verhandlung, in der es nun offenbar um Leben oder Tod geht, keinerlei Sympathie für den Nationalsozialismus, sondern gibt lediglich zu bedenken, dass man seinen Äußerungen ein viel zu großes Gewicht beimesse. Das Gericht beurteilt als zusätzlich belastend, dass die Großmutter väterlicherseits des im Ersten Weltkrieg schwer verwundeten und mehrmals ausgezeichneten Angeklagten einer wohlhabenden jüdischen Familie aus Danzig entstammte.

Hans von Goetzen war ein bekennender evangelischer Christ. Am Heiligabend 1944 zog er im Gefängnis das Neue Testament aus der Tasche und las seinen Mithäftlingen mit Erlaubnis eines human sensiblen Wachtmeisters das Weihnachtsevangelium vor. Der evangelische Gefängnispfarrer hat bezeugt, das Goetzen vor seiner Erschießung gefragt wurde, ob er mit verbundenen Augen sterben wolle. Seine Antwort: „Nein, ich will aufrecht sterben, als Edelmann und als Christ." Der letzte Brief, den er am Morgen seines Todes an seine Cousine schrieb, schließt mit den Worten: „Ich will sterben als ein echter Goetzen ... Auf Wiedersehen in einer anderen Welt." Das „Epitaph" für Goetzen in der Hamburger *Zeit* steht stellvertretend auch für Tausende andere, die ungeschrieben bleiben, weil die Opfer, auf die sie hinweisen würden, vergessen sind.

Die weisse Rose

Widerstand in deutscher Nacht

Am 22. Februar 1943 wurden in München drei junge Menschen von einem Senat des nationalsozialistischen Volksgerichtshofes unter Vorsitz des berüchtigten Blutrichters Roland Freisler wegen landesverräterischer Feindbegünstigung, Vorbereitung zum Hochverrat und Wehrkraftzersetzung am vierten Tag nach ihrer Verhaftung zum Tod verurteilt und noch am selben Tag im Gefängnis Stadelheim durch das Fallbeil hingerichtet. Der Urteilsspruch endete mit der Formel: „Ihre Ehre haben sie für immer verwirkt." Es waren drei Studenten, die, wenig über zwanzig Jahre alt, auf diese Weise zu Tode kamen, nämlich Hans und Sophie Scholl sowie Christoph Probst. Hans und Christoph hatten Medizin, Sophie hingegen Biologie und Philosophie studiert. Der Widerstand, welchen sie dem nationalsozialistischen Regime entgegengesetzt hatten, bestand vor allem in der Verfassung und Verbreitung von Flugzetteln mit dem Kennwort „Die weiße Rose".

Die Initiative dazu war von Hans Scholl und Alex Schmorell ausgegangen und hatte zur Entstehung eines Netzwerkes geführt, dessen andere Hauptverantwortliche bald ebenfalls entdeckt und hingerichtet wurden. Sophie Scholl war gegen den Willen ihres Bruders in dieses Netzwerk geraten. Beide waren aber schließlich völlig darin einig, dass es sinnvoll war, das eigene Leben nicht zu schonen oder gar zu verlieren, wenn man hoffen durfte, dadurch die Herrschaft Adolf Hitlers zu schwächen und so zu verkürzen.

Die von dieser Widerstandsgruppe verbreiteten Texte trugen die Überschrift „Flugblätter der weißen Rose". Der Ursprung dieses Namens ist nicht völlig geklärt. Der mit Hans Scholl befreundete und später ebenfalls verhaftete und hingerichtete Medizinstudent Alex Schmorell hatte jedenfalls in einem Gespräch mit einer Freundin über die weiße Rose als ihre Lieblingsblume gesagt: „Ja! Die weiße Rose ist das Symbol der Reinheit und Schönheit." In seinem Buch *Deutschland zuliebe. Leben und Sterben der Geschwister Scholl* hat der Amerikaner Richard Hanser angemerkt: „Reinheit und Schönheit stellten wohl den größten Gegensatz zum Nationalsozialismus und dessen Ideen und Taten dar."

Im ersten Flugblatt konnte man lesen: „Nichts ist eines Kulturvolkes unwürdiger, als sich ohne Widerstand von einer verantwortungslosen und dunklen Trieben ergebenen Herrscherclique regieren zu lassen ... leistet passiven Widerstand – Widerstand – wo immer ihr auch seid, verhindert das Weiterlaufen dieser atheistischen Kriegsmaschine, ehe es zu spät ist, ehe die letzten Städte ein Trümmerhaufen sind, gleich Köln, und ehe die letzte Jugend des Volkes irgendwo für die Hybris eines Untermenschen verblutet. Vergesst nicht, dass ein jedes Volk diejenige Regierung verdient, die es erträgt ..."

Es folgten andere Flugblätter, doch wurde diese Aktivität unterbrochen durch die Einberufung von Hans Scholl und Alexander Schmorell, die als Medizin studierende Angehörige der Deutschen Wehrmacht in einer Sanitätskompanie an der russischen Front dienen mussten. Dort festigte sich die Entschlossenheit beider zum Widerstand. Nach der Rückkehr wurden neue Flugschriften verfasst. Bedeutsam war dafür auch der Münchner Professor für Philosophie Kurt Huber.

Hans und Sophie Scholl waren mit einer außerordentlichen Intelligenz begabt und agierten sehr vorsichtig. Als sie aber am 18. Februar 1943 in der Münchner Universität vor Beginn der Vorlesungen Flugblätter in noch leeren Gängen und Hörsälen ausgelegt und den im Koffer verbliebenen Rest vom obersten Stock in die Eingangshalle geleert hatten, wurden sie vom Hausmeister beobachtet. Er versperrte sogleich die Türen des Hauses und alarmierte die Gestapo, die beide

zum Verhör in das Polizeigefängnis brachte. Kurz darauf wurde auch Christoph Probst dorthin gebracht. Er hatte bei der Formulierung von Texten geholfen und war auf einem anderen Weg entdeckt worden.
Beim Prozess sagte Sophie Scholl in für viele beeindruckender Furchtlosigkeit: „Einer muss ja doch mal schließlich damit anfangen. Was wir sagten und schrieben, denken ja so viele. Nur wagten sie nicht, es auszusprechen." Die Geschwister Scholl und Christoph Probst erstaunten die sie verhörenden Beamten sowie Mithäftlinge und das Publikum der Gerichtsverhandlung durch ihre souveräne Haltung. Alle drei waren tief religiös geprägt. Christoph Probst, junger Vater von drei Kindern, dessen Frau sich mit Kindbettfieber im Krankenhaus befand, war ohne Taufe aufgewachsen, aber durch seine Studien der katholischen Kirche nahe gekommen. Er empfing vor der Hinrichtung die Taufe und die Kommunion. Die evangelischen Christen Hans und Sophie Scholl empfingen das Abendmahl jeweils in ihrer Zelle. Mit Handschellen gefesselt, aber aufrecht gingen die drei Todeskandidaten über den Hof zum Gebäude, wo das Fallbeil sie töten sollte. Der Scharfrichter sagte über Sophie Scholl, die zuerst starb, so habe er noch niemanden sterben sehen. Hans Scholl war der Letzte. Er rief mit bis ins Hauptgebäude hörbarer Stimme: „Es lebe die Freiheit!"
Auf den Tag genau zehn Jahre nach dem Tod dieser drei Widerstandskämpfer, denen noch weitere aus dem Netzwerk „Die weiße Rose" in den Tod folgten, sagte der deutsche Bundespräsident Theodor Heuss bei einer Gedenkfeier: „So muss ihre Erscheinung inmitten der deutschen Tragik begriffen werden – nicht als ein gegenüber der Gewalt missglückender Versuch zur Wende, sondern als das Abschirmen eines Lichts in der dunkelsten Stunde. Und darum gehören ihrem Gedächtnis Dank und Ehrfurcht."

Simone Weil

Unglück und Gottesliebe

Unter den Schriften Ingeborg Bachmanns findet sich ein Text über Simone Weil mit dem Titel *Das Unglück und die Gottesliebe – Der Weg Simone Weils.* Dieser Text ist, angereichert durch Zitate von Simone Weil selbst, aber auch von T. S. Eliot und anderen, zum erzählenden Vortrag durch mehrere Sprachen bestimmt.

Simone Weil, geboren 1909 in Paris als Tochter wohlhabender jüdischer Eltern und gestorben 1943 im englischen Exil an akuter Lungenschwindsucht infolge einer Erschöpfung durch Hunger und Überanstrengung, hat also nur ein Alter von wenig mehr als 33 Jahren erreicht. Sie war, so sagt Ingeborg Bachmann, ein „absonderliches Geschöpf: Philosophieprofessorin und Fabrikarbeiterin, Jüdin und gläubige Christin, Kritikerin der katholischen Kirche, halbe Häretikerin und potenzielle Heilige". Sie war keine Schriftstellerin, Schreiben war für sie – neben starken kritischen und pädagogischen Impulsen – vor allem eine Übung, die sich zwischen Demut und Rebellion bewegte und wichtig war, solange für sie der Abstand zwischen „wissen" und „von ganzer Seele wissen" nicht überbrückt war. Sie war eine Fanatikerin der Genauigkeit, in ihrem Denken und ihrem Leben, einer Genauigkeit, die ebenso aufs Kleinste wie aufs Größte gerichtet war, die ihr Denken und Leben in extreme Situationen manövrieren musste.

Nach Studien der Philosophie unterrichtete sie an höheren Schulen und war schon früh in den Reihen der politischen Linken tätig, ohne sich einer politischen Partei anzuschließen. Auf eigenen Wunsch vom Lehrberuf beurlaubt, arbeitete sie als Fräserin in den Renault-Werken unter denselben Bedingungen wie damals die Mehrheit der französischen Arbeiter. In ihrem *Fabriktagebuch* schreibt sie über die Monotonie und die moralische wie psychische Leere, der sie dort be-

gegnete. Den Arbeitern erschien sie als ein überspannter Mensch. Sie war sehr jung, ohne Charme, unnachgiebig und von tödlichem Ernst. Sie war aber auch zäh und gewann viele, die anfangs über sie den Kopf schüttelten, zu Freunden.
Als sich die Deutschen 1940 Paris näherten, ging sie mit ihren Eltern nach Marseille und von dort aufs Land als Arbeiterin in den Weinbergen. In diese Zeit fallen Begegnungen mit dem katholischen Laientheologen Thibon und dem Dominikaner Pater Perrin. Es folgten ein kurzes Exil in den Vereinigten Staaten und die Übersiedlung nach England zur Exilregierung von Robert Schumann. Da sie als Jüdin nicht in die Fänge der Gestapo nach Frankreich zurückkehren konnte, wollte sie wenigstens die Entbehrungen der Franzosen teilen, setzte sich selbst auf Hungerration und verteilte ihre größeren Lebensmittelportionen an Flüchtlinge. Dies trug wesentlich zu ihrem frühen Tod bei, der sich in einem Sanatorium in Ashford-Kent ereignete.
„Sie hat nicht leben können; sie ist zu gelehrt gewesen und hat nie gegessen", sagte ein Arbeiter über sie, und der Staatsmann Charles de Gaulle bezeichnete sie schlichtweg als „verrückt". Ihre „Verrücktheit" hat eine soziale und zugleich eine noch tiefere religiöse Wurzel. Sie hat sich frühzeitig an Streiks von Arbeitern beteiligt, war aber der Überzeugung, dass keine soziale Revolte das wesenhafte Unglück des Menschen abschaffen könne. Für wenige Auserwählte werde das Unglück zum Gefäß der Gnade schlechthin. Es erweckt Liebe zu einem unendlich entfernten Gott, dem eine nackte menschliche Existenz gegenübersteht. Das ist „reine Mystik", wie sie sich in solcher Radikalität in Europa lange nicht mehr gezeigt hat. „Man muss Gott in einen unendlichen Abstand rücken, um ihn als an dem Bösen unschuldig vorzustellen", sagt sie und fügt hinzu: „Man muss in einer Einöde

sein. Denn der, den wir lieben sollen, ist abwesend." In einer Welt voll Grauen bleibt die Schönheit ein Lebenselixier: Das Volk hat ein Bedürfnis nach Poesie, wie es ein Bedürfnis nach Brot hat. Nicht nach Poesie, die in Worte eingesperrt ist. – Es hat das Bedürfnis, dass die tägliche Substanz seines Lebens selbst Poesie sei. Eine solche Poesie kann nur eine Quelle haben. Die Quelle ist Gott.

Auf ihrem Weg zu Gott blieb Simone Weil eine Einzelgängerin. Ingeborg Bachmann bestaunte an ihrem Weg und Werk „die Schönheit, die allem innewohnt, was rein gedacht und gelebt worden ist. Von ihr erhellt, erblicken wir immer wieder, was uns die Dunkelheit verdeckt, das unzerstörbare Gesicht des Menschen in einer Welt, die sich zu seiner Zerstörung verschworen hat."

Zum Tod der Simone Weil in England sagt Bachmann: „Über die letzten Tage berichtet niemand. Sie war dort wohl allein. Ihre wenigen Freunde waren in Frankreich."

Edith Stein
„Komm, wir gehen für unser Volk“

Am 2. August 1942 wurden in den Niederlanden alle der deutschen Besatzungsmacht erreichbaren katholisch getauften Juden verhaftet und in das Lager Amersfoort gebracht, von wo sie später in ein anderes Lager und dann nach Polen verschleppt wurden. Für die meisten begann damit ein Weg in den Tod. Unter ihnen befanden sich auch die Karmelitin Teresia Benedicta a Cruce, mit bürgerlichem Namen Dr. Edith Stein, und ihre leibliche Schwester Rosa Stein. Beide lebten als Gäste im Karmelitinnenkloster Echt bei Limburg, weil angesichts der Verfolgung der Juden in Deutschland das Kölner Kloster Edith Steins ihr nicht länger Sicherheit bieten konnte. Die deutschen Machthaber in Holland hatten vielleicht beabsichtigt, getaufte Juden und zumal die Ordensleute unter ihnen nicht zu deportieren. Die niederländischen Bischöfe veröffentlichten aber einen Hirtenbrief, der am 26. Juli in allen katholischen Kirchen verlesen wurde. Darin verurteilten sie mit klaren Worten „die Maßnahmen gegen die Juden in Niederland, wodurch diese von der Teilnahme am normalen Volksleben ausgeschlossen werden ... und die neuen Maßregeln, wodurch Männer, Frauen, Kinder und ganze Familien weggeführt werden sollen nach dem deutschen Reichsgebiet“. Nach der Proklamation dieses Hirtenbriefes wurde die Verfolgung auf alle Juden im Land ausgeweitet. Das Wort der Bischöfe hatte also den Tod vieler weiterer Juden zur Folge. Dies wird von Kritikern Papst Pius' XII., die behaupten, er habe durch Unterlassung einer flammenden Verurteilung des nationalsozialistischen Regimes Schuld am Holocaust auf sich geladen, beharrlich übersehen. Gerade dieser Papst und der Vatikan haben aber durch direkte Hilfe Tausenden Juden das Leben gerettet.
Als am 2. August 1942 um fünf Uhr nachmittags zwei SS-Offiziere an der Klosterpforte in Echt geläutet und verlangt hatten, dass Edith

und Rosa Stein in fünf Minuten das Kloster verlassen sollten, um in ein Lager abtransportiert zu werden, sagte Edith zu Rosa: „Komm, wir gehen für unser Volk." Gemeint war das jüdische Volk.

Edith Stein entstammte einer Kaufmannsfamilie in Breslau und war das Jüngste von elf Kindern, von denen vier früh starben. Der Vater starb, als sie erst zwei Jahre alt war. Seine Frau, eine tief im jüdischen Glauben eingewurzelte Kaufmannstochter, brachte das dem Ruin nahe Geschäft wieder zur Blüte und war ihren Kindern eine gute Mutter, die freilich unter der Entfremdung ihrer Kinder vom jüdischen Glauben litt. Das Leben der intellektuell hochbegabten Tochter Edith durchlief viele Stationen an insgesamt vielen Orten. Dem Abitur in Breslau folgten Universitätsstudien in Breslau, Göttingen und Freiburg im Breisgau. Hier promovierte sie 1916 beim bedeutenden Philosophen Edmund Husserl und war bis 1918 dessen Assistentin. Von der Religiosität ihrer Mutter hatte sie sich früh entfernt. Es gab dann Jahre, in denen ihr religiöse Fragen eher fremd blieben. Die Lektüre der Autobiographie der heiligen Teresa von Avila im Jahr 1921 öffnete ihr die Tür zur katholischen Kirche. Am 1. Januar 1922 empfing sie die Taufe. Nach jahrelanger Lehrtätigkeit an einem Ordensgymnasium in Speyer und als Dozentin für Philosophie in Münster trat sie 1933 in das Karmelitinnenkloster in Köln ein. Durch die Verfolgung der Juden seitens der Nationalsozialisten wurde Edith Stein, als Nonne Schwester Teresia Benedicta a Cruce, auf die eigenen jüdischen Wurzeln zurückverwiesen und auf das Mysterium Christi, der „dem Fleische nach" dem jüdischen Volk entstammt, das ihn freilich mehrheitlich nicht als Messias angenommen hat. „Ich wusste, dass es sein Kreuz sei, das jetzt auf das jüdische Volk gelegt würde", hat sie Jahre vor ihrem Tod geschrieben. Nach der Verhaftung am 2. August 1942 und dem Aufenthalt in zwei Lagern in Holland wurde sie vermutlich am 9. August in Auschwitz ermordet. Der Papst hat sie 1998 feierlich in das Verzeichnis der Heiligen der katholischen Kirche aufgenommen und 1999 mit Brigitta von Schweden und Katharina von Siena zur Mitpatronin Europas erklärt. Sie ist in der Tat eine „europäische Gestalt".

Unter den „goldenen Worten" ihres geistlichen Schrifttums befindet sich auch das nachstehend zitierte, dem sie selbst auf ausstrahlende Art entsprochen hat: „Du sollst sein wie eine Scheibe, durch die das Licht der Liebe Gottes in die Welt fällt. Die Scheibe darf nicht stumpf und schmutzig sein. Sonst hinderst du das Licht."

Nahe dem erzbischöflichen Haus in Köln steht auf einem offenen Platz seit 1999 ein von Bert Gerresheim aus Bronze geschaffenes Denkmal für Edith Stein. Auf dem Sockel sind Fußspuren von in den Tod getriebenen Juden eingeprägt. An seinem Rand befindet sich ein Berg abgelegter Schuhe solcher Todesopfer. Dieser wird gestützt von zwei Bronzetafeln als Verweis auf die zehn Gebote Gottes, die Moses am Sinai für sein Volk übergeben worden sind. Auf dem Sockel stehen nebeneinander drei Skulpturen. Sie stellen Edith Stein als Jüdin, als Philosophin und als Ordensfrau dar. Inmitten der Fußspuren auf dem Boden sind in einer Vertiefung die Fußumrisse Christi nachgezeichnet, die entsprechend einer alten Legende in der Quo-Vadis-Kirche an der Via Appia in Rom gezeigt werden. Edith Stein – das will das Denkmal sagen – ist den Weg der Nachfolge Christi gegangen bis an sein Ende am Kreuz.

MAXIMILIAN KOLBE

Sterben für einen anderen

„Einer trage des anderen Last“ – dieses Wort aus dem Brief des Apostels Paulus an die Galater ist längst zu einer sprichwörtlichen Redensart geworden. Viele sprechen sie nach, ohne zu wissen, woher sie kommt. Man kann dieses Pauluswort noch einmal in das kleine Wort „für“ hinein sprachlich verdichten. Es ist eines der wichtigsten und schönsten Wörter unserer Sprache.

Das radikalste Für-andere-da-Sein zeigt sich den Christen in der Gestalt Jesu Christi. Er ist nach eigenem Zeugnis gekommen, damit die Menschen zu einem Leben in Fülle finden. Sein Tod ist ein stellvertretender Sühnetod für alle, die Gott fern geworden sind. Eine radikale Nachfolge Christi in seinem Für-Sein ist daher auch offen für einen Tod als Martyrium. Ein solcher Märtyrer oder – mit einem dramatischeren Namen ausgedrückt – ein Blutzeuge war der polnische Minoritenpater Maximilian Kolbe, der am 14. August 1941 im Konzentrationslager Auschwitz zu Tode gekommen ist. Geboren 1894 in einer Arbeiterfamilie und getauft auf den Namen Raimund, besuchte er eine Schule der Franziskaner in Lemberg und trat im Alter von siebzehn Jahren in den Minoritenorden, einen der drei franziskanischen Männerorden, ein, die als Minoriten, Franziskaner oder Kapuziner das geistliche Erbe des heiligen Franz von Assisi lebendig halten. Der junge Novize empfing den Ordensnamen Maximilian. In Rom studierte er Theologie und wurde dort zum Doktor promoviert. Bald wurde die Ausbreitung des katholischen Glaubens sein drängendstes Anliegen. Nach Polen heimgekehrt, entfaltete er neben der Lehrtätigkeit in einem Priesterseminar eine rege publizistische Tätigkeit. Die Erkrankung an Tuberkulose erzwang eine Pause. 1930 ging er für sechs Jahre als Missionar nach Japan, wo er vor allem als Publizist wirkte und sich dabei auch des

Amateurfunks bediente. Nach Polen zurückgekehrt, baute er das von ihm schon 1927 gegründete Kloster und Missionszentrum in Niepokolanów zu einem großen Zentrum des Apostolats durch Massenmedien aus. Bei Ausbruch des Zweiten Weltkrieges zählte es 600 Ordensleute und war somit das größte Kloster der Welt. Von der deutschen Besatzungsmacht zweimal verhaftet, wurde Kolbe schließlich am 26. Mai 1941 in das Konzentrationslager Auschwitz eingeliefert. Ende Juli wählte der Lagerkommandant willkürlich zehn Häftlinge des Blocks 14 aus, die als Strafe für die Flucht eines anderen und zur Abschreckung gegen Nachahmungsversuche zum qualvollen Tod im Hungerbunker bestimmt wurden. Unter ihnen war ein polnischer Familienvater, der laut beklagte, dass er seine Söhne nie mehr werde sehen können. Der nun 47-jährige Pater Kolbe trat plötzlich aus der Reihe der zum Appell angetretenen Häftlinge und erklärte, er sei bereit, anstelle des anderen in den Todesbunker zu gehen. Der Lagerkommandant akzeptierte dies. Kolbe hatte im Lager stets versucht, seine Mithäftlinge von der Versuchung zum Hass gegen die Deutschen abzuhalten. Nach zwei Wochen ohne Nahrung im fensterlosen Bunker war der als Häftling 16670 namenlos gewordene Priester am Sterben. Ein Lagerarzt verabreichte ihm am 14. August eine tödliche Phenolinjektion. Sein Leichnam wurde am folgenden Marienfeiertag im Krematorium des Lagers verbrannt. Kolbes geistliches Leben war besonders durch die Verehrung Marias geprägt. Sein Sterben anstelle eines anderen war die Vollendung des Weges einer radikalen Nachfolge Christi bis in den Tod. Der durch diesen Tod vor dem Hungerbunker bewahrte polnische Familienvater überlebte die Gefangenschaft in Auschwitz.

Im Oktober 1971 wurde Maximilian Kolbe als „Märtyrer der Versöhnung“ von Papst Paul VI. selig gesprochen. Die Heiligsprechung durch Johannes Paul II., den Papst aus Polen, erfolgte elf Jahre später. Der gerettete Mithäftling nahm an der Feier teil.

Peter Wust

Ein Brief zum Abschied

Am 18. Dezember 1939 verfasste Peter Wust, Professor der Philosophie in Münster, einen Brief an Studierende, deren akademischer Lehrer er durch neun Jahre gewesen war. Es sollte ein Wort zum Abschied sein, denn Wust litt seit zwei Jahren an Mundkrebs. Beständige Schmerzen konnten durch Operationen nur teilweise gelindert werden. Als ihm das Sprechen unmöglich geworden war, beendete er im Februar 1939 seine Lehrtätigkeit an der Universität und starb schließlich am 3. April 1940.

Wust verstand sich als ein katholischer Philosoph und war der führende, wenngleich von Kollegen kritisch betrachtete Vertreter seines Faches in dieser Stadt. Geboren 1884 in einem saarländischen Dorf und einer frommen Familie entstammend, hatte er sich als Student von der Kirche entfernt und der Philosophie des Neukantianismus zugewendet. In der Krise des Jahres 1918 begegnete er dem bedeutenden protestantischen Berliner Religionssoziologen Ernst Troelsch, der ihm sagte: „Sie sind noch jung. Wenn sie etwas für die Kräfteerneuerung unseres Volkes tun wollen, dann kehren Sie zum uralten Glauben der Väter zurück und setzen Sie sich in der Philosophie ein für die Wiederkehr der Metaphysik gegen alle müde Skepsis einer in sich unfruchtbaren Erkenntnistheorie." Erich Rommerskirch sagt in einem kleinen Buch über den Lebensabend großer Christen, dass Peter Wusts Weg sich nun von der triumphierenden Vernunft entfernte und hinführte zu einer demütig verehrenden Vernunft. Von da an wollte er Menschen an das Sein und den Seinsgrund so heranführen, dass sie staunen und schweigen konnten. 1923 kehrte er in die Kirche zurück und bezeugte später, dass er nie mehr zu einem Glaubenszweifel versucht wurde. Hellsichtig erkannte er die Dämonie des Nationalsozialismus und sagte darüber wörtlich: „Schreckliche Dämonen schleichen über die Welt, und niemand sieht sie. Alles dies wird in einem fürchterlichen Untergang zugrunde gehen."

In seinem Abschiedsbrief vom Dezember 1939 bewertet er die europäische Aufklärung als Fehlschlag und macht sich den Ruf zur Umkehr zu Eigen, „der seit den Tagen Napoleons immer lauter unter der europäischen Intelligenz erklingt ... bis zum Kanonendonner der beiden großen Kriege". Die Zeit ohne Christus habe im Letzten nicht jene Freiheit gebracht, die sich manche von ihr versprochen hätten. Viele Intelligente seien seit der Romantik am Problem „Gott und Geist" gescheitert, entweder an beiden verzweifelnd wie Nietzsche oder wie Kierkegaard sich in die Arme Gottes werfend.

Dieser Text entstand im Advent des Kriegsjahres 1939 und im Advent des Lebens von Peter Wust auf den Tod und die erhoffte endgültige Begegnung mit Gott hin. Der Verfasser bekennt seine Dankbarkeit dafür, dass er Christus gefunden habe und dazu die Gnade, dies auch in aller Öffentlichkeit zu bekennen. Am Ende steht ein Lob des Gebetes und eine Einladung dazu: „Und wenn Sie mich nun noch fragen sollten, bevor ich jetzt gehe und endgültig gehe, ob ich nicht einen Zauberschlüssel kenne, der einem das letzte Tor zur Weisheit des Lebens erschließen könne, dann würde ich Ihnen antworten: ‚Jawohl.' – Und zwar ist dieser Zauberschlüssel nicht die Reflexion, wie Sie es von einem Philosophen vielleicht erwarten möchten, sondern das Gebet. Das Gebet, als letzte Hingabe gefasst, macht still, macht kindlich, macht objektiv. Ein Mensch wächst für mich in dem Maße immer tiefer hinein in den Raum der Humanität (– nicht des Humanismus –), wie er zu beten imstande ist, wofern nur das rechte Beten gemeint ist. Beten lernen kann man (aber) am besten im Leiden." Der leidende und betende Philosoph aus Münster hat durch seine Schriften und sein Beispiel vielen Menschen geholfen, die Schrecken des Zweiten Weltkrieges zu überstehen oder inmitten dieser Schrecken mit sich und mit Gott versöhnt zu sterben.

Georges Bernanos

Leiden und Sterben einer geplagten Mutter

In seinem 1936 erschienenen Roman *Tagebuch eines Landpfarrers* hat Georges Bernanos das Bild zweier Frauen gezeichnet, die in ungemein bedrückenden sozialen Verhältnissen leben. Solches Elend gibt es heute kaum noch in den Ländern des globalen Westens und Nordens, wohl aber vielerorts anderswo.

Die eine der beiden Frauen ist die Lebensgefährtin eines Priesters, der seinen Dienst verlassen hat und, an Tuberkulose erkrankt, bald sterben wird. Die Frau, selbst krank, sorgt mit letzter Kraft für diesen schwachen, schwierigen Mann, der ihre Hilfe nicht dankbar, sondern wie selbstverständlich in Anspruch nimmt. Sie erzählt dem Landpfarrer von ihrer Mutter, der es noch schlechter ergangen ist. Die Erinnerung an deren unpathetischen Heroismus hilft der Tochter, die eigene Last zu ertragen.

Bernanos hat mit diesem knappen Text ein Hohelied über das Leben vieler Frauen in vielen Generationen geschaffen, indem er die Tochter zum armen, demütigen Landpfarrer sagen lässt: „Ich bin wie meine Mutter. Die sagte immer zu mir: ‚Wenn es das höchste Glück ist, kein Glück zu haben, dann bin ich gut versorgt!' Ich habe sie nie klagen hören. Und dabei war sie zweimal verheiratet, mit zwei Säufern. Pech gehabt! Vater war ein ganz schlimmer, ein Witwer mit fünf Jungen, wahre Teufelsjungen. Sie war unglaublich dick geworden, all ihr Blut hatte sich in Fett verwandelt. Nun ja. ‚Nichts hält so viel aus wie eine Frau', sagte sie, ‚unsereins darf sich erst hinlegen, wenn er stirbt.' Sie hatte ein Leiden, das sie an der Brust packte, dann an der Schulter, dann wieder am Arm, und schließlich konnte sie nicht mehr atmen. An ihrem letzten Abend kam Vater betrunken nach Hause, wie gewöhnlich. Sie wollte die Kaffeekanne aufs Feuer setzen, da fiel sie ihr aus der Hand. ‚Oh, ich Tollpatsch', sagte sie, ‚lauf schleunigst zurück zur Nachbarin und borg dir eine andere und komm, ehe Vater aufwacht.' Als ich wiederkam, war sie schon so gut wie tot, die eine Seite des Gesichts war fast schwarz, und auch die Zunge hing ihr schwarz aus dem Mund. ‚Ich muss mich hinlegen', sagte sie, ‚es geht nicht mehr.' Vater schnarchte auf dem Bett, und sie wagte nicht, ihn zu wecken. So setzte sie sich ans Feuer. ‚Nun kannst du den Speck in die Suppe tun, sie kocht jetzt.' Und tot war sie."

Bernanos lässt in seinem Buch den Landpfarrer über diese beiden Frauen in sein Tagebuch schreiben: „... sie erweckt in mir so viel Erinnerungen: diese Stimme ohne Alter, diese tapfere und schicksalsergebene Stimme, die einen Trunkenbold besänftigt, ungezogene Rangen schilt, den windellosen Säugling wiegt, mit dem unerbittlichen Lieferanten verhandelt, den Gerichtsvollzieher um Frist anfleht und die Sterbenden beruhigt, die Stimme der Hausmutter, über Jahrhunderte hinweg sicherlich immer die gleiche, die Stimme, die allen Nöten der Welt widersteht."

Wer diese Stimme überhört, bleibt stumpf oder wird stumpf.

GEORGES BERNANOS

Der Tod des Landpfarrers – „Alles ist Gnade"

„Meine Pfarre wird vom Stumpfsinn geradezu aufgefressen" – lässt Georges Bernanos am Beginn seines 1936 erschienenen Romans *Tagebuch eines Landpfarrers* den jungen, scheuen, verletzlichen Priester sagen, dessen Leben, Leiden und Sterben in diesem „Tagebuch" auf erschütternde Weise dargestellt werden.

Der streitbare, gegen Lauheit und Verlogenheit auch unter Christen unablässig zu Felde ziehende Katholik Bernanos hat selbst kompromisslos vorgelebt, wozu er andere durch seine Romane und seine Streitschriften bewegen wollte. Sein *Tagebuch eines Landpfarrers* gehört zu den wichtigsten Schöpfungen des so genannten christlichen Existenzialismus. Das flandrische Dorf des Landpfarrers ist geprägt von einer konventionellen Frömmigkeit, die sich dem Evangelium im Grunde verweigert. Der Pfarrer ahnt bald nach seiner Ankunft, dass sein Bemühen, das Dorf religiös zu verwandeln, scheitern wird. An einem Abend sieht er es von einer Anhöhe aus in einer Mulde liegen: „In dampfenden Nebel gehüllt, als hätte es sich wie ein armes erschöpftes Tier in das triefende Gras geduckt." Der Pfarrer schreibt in sein Tagebuch: „Dies ... nun war meine Pfarre, und ich konnte ihr gar nicht helfen ... Ich dachte an das Vieh, das ich im Nebel sich räuspern hörte. Der kleine Kuhhirt, auf dem Rückweg von der Schule, mit dem Ranzen unterm Arm, würde es gleich über die Wiesen hintreiben, zum warmen, mit schwerem Geruch erfüllten Stall ... Auch das Dorf schien auf einen Herrn zu warten – aber ohne viel Hoffnung –, auf einen, dem es folgen könnte zu einer unwahrscheinlichen, unvorstellbaren Zufluchtsstätte. Aber ein Dorf erhebt sich nicht wie das Vieh auf den Ruf eines kleinen Schuljungen hin. Und trotzdem! Gestern Abend, glaube ich, hätte ein Heiliger es mit seinem Ruf aufwecken können."

Dieser Landpfarrer ist aber selbst ein Heiliger, ohne es zu wissen. Er kann sein Dorf nicht als Ganzes aufwecken, aber er kann der unglücklichen Gräfin, die im Schloss des Dorfes lebt und durch den Tod eines geliebten Kindes im Hass gegen Gott und Menschen erstarrt ist, einen Tag vor ihrem unerwarteten Tod Frieden geben. Auch zu deren verstörter Tochter findet er schließlich Zugang. Der Graf missversteht dies als eine ungehörige Einmischung und betreibt die Versetzung des Pfarrers. Dieser weiß sich nun trotz seiner sonstigen Erfolglosigkeit in der göttlichen Gnade geborgen und ist von großem Frieden erfüllt, obwohl er indessen weiß, dass er an Magenkrebs erkrankt ist. Als er schon im Wissen um den nahen Tod einen vom Priesteramt dispensierten ehemaligen Studienkollegen besucht, stirbt er in dessen Wohnung. In einem Brief an einen anderen Landpfarrer berichtet dieser laisierte Priester, dass der arme Sterbende, schon bewusstlos, Ströme von Blut erbrach, dann wieder erwachte und nach seinem Rosenkranz verlangte. Dann bat er den laisierten Kollegen um die Absolution. Ein dennoch herbeigerufener Priester verspätete sich. Der Gastgeber wollte den Sterbenden deshalb trösten. Der aber sagte langsam, doch deutlich die Worte: „Was macht das schon aus? Alles ist Gnade“, und gleich darauf starb er.
Zwölf Jahre nach Vollendung dieses Romans starb sein Autor nach einem Wanderleben, das ihn wegen seiner kompromisslosen Ablehnung von Faschismus und Kommunismus nach Mallorca, Brasilien, dann zurück nach Frankreich und schließlich nach Tunis geführt hatte, in einem amerikanischen Hospital bei Paris. In ein Gedenkbuch von Freunden hatte er Jahre vorher geschrieben: „Gedenken Sie im Gebet des alten Schriftstellers, der mehr und mehr an die Ohnmacht der Mächtigen, an die Unwissenheit der Gelehrten, an die Torheit der

Machiavellis und an die unheilbare Leichtfertigkeit der ernsten Leute glaubt. Alles Schöne in der Weltgeschichte ist ohne jemandes Wissen entstanden aus dem geheimnisvollen Einklang zwischen der demütigen und brennenden Geduld des Menschen und der sanften Barmherzigkeit Gottes." Literarische Propheten wie Bernanos sind Salz gegen Schalheit in Kirche und Gesellschaft. Sie bewahren ein Stück Welt davor, „vom Stumpfsinn geradezu aufgefressen" zu werden.

Rilke

„Komm du, du letzter, den ich anerkenne“

Sein letztes Gedicht hat Rainer Maria Rilke, der am 29. Dezember 1926 in einem Sanatorium bei Montreux in der Schweiz an Leukämie verstarb, dem Schmerz gewidmet, der seinem Tod vorausging. Der wahrscheinlich erst Mitte Dezember in Rilkes „Taschenbuch“ eingetragene Text beginnt mit der Anrufung: „Komm du, du letzter, den ich anerkenne, heilloser Schmerz im leiblichen Geweb.“

Vom Tod reden viele Texte im umfangreichen Werk des Dichters, der zu den höchstrangigen Lyrikern deutscher Sprache zählt. Der 1875 in Prag Geborene führte ein Wanderleben, das ihn über die ungeliebte Kadettenschule in St. Pölten zu Studien der Literatur- und Kunstgeschichte nach Prag, München und Berlin brachte. Zwei Reisen nach Russland ließen seinen Entschluss reifen, sich ganz der Literatur zu widmen.

Unter dem Einfluss von Nietzsche und Tolstoi entstand die 1903 vollendete Gedichtsammlung *Das Stundenbuch*. Hier findet erstmals der quasi-religiöse Anspruch des Dichters an Kunst in einer symbolistischen Sprache seinen Ausdruck. Es folgten die Ansiedlung Rilkes in der Künstlerkolonie Worpswede, seine Heirat mit der Bildhauerin Clara Westhoff und die Geburt der Tochter Ruth sowie die baldige Trennung von der Familie und Aufenthalte in Paris, wo er zeitweise Sekretär des Bildhauers Rodin war. Eine Skandinavienreise 1904 bis 1905 führte zur Auseinandersetzung mit Person und Werk Sören Kierkegaards.

Das erfolgreichste Buch Rilkes wird die 1906 erscheinende Prosadichtung *Die Weise von Liebe und Tod des Cornets Christoph Rilke*. 1910 erscheint sein einziger Roman *Die Aufzeichnungen des Malte Laurids Brigge*. In diesen Büchern und besonders auch im vorausgehenden *Stundenbuch* ist viele Male die Rede vom Tod: Im *Cornet* erscheint er

Mark Rothko

Ohne Titel, 1969

Acryl auf Papier auf Karton, Privatbesitz

Der Maler Mark Rothko, ein russischer Jude, lebte seit seiner Jugendzeit in den USA und starb 1970 in New York. „Überirdisches Licht und meditative Ruhe" hatte er als junger Künstler an den Fresken des seligen Malermönchs Frau Angelico in Florenz bewundert. Beides vermitteln auch viele Bilder Rothkos, die dem Abstrakten Expressionismus zugeschrieben werden. Am Ende verschwinden aber die hellen leuchtenden Farben. Dies gilt auch für dieses Bild aus dem Jahr 1969. Man kann es als ein „Requiembild" ansehen. Rothko hat es ein Jahr vor seinem Tod geschaffen.

schon im Titel und ebenso im dritten Teil des *Stundenbuches,* das als „Buch von der Armut und vom Tode“ vorgestellt wird.
In diesem Buch von Armut und Tod spricht der Dichter vom entfremdeten Leben armer Leute in Paris:

Da wachsen Kinder auf an Fensterstufen,
die immer in demselben Schatten sind,
und wissen nicht, dass draußen Blumen rufen
zu einem Tag voll Weite, Glück und Wind, ...
Da blühen Jungfraun auf zum Unbekannten
und sehnen sich nach ihrer Kindheit Ruh;
das aber ist nicht da, wofür sie brannten
und zitternd schließen sie sich wieder zu.
Und haben in verhüllten Hinterzimmern
die Tage der enttäuschten Mutterschaft,
der langen Nächte willenloses Wimmern
und kalten Jahre ohne Kampf und Kraft.
Und ganz im Dunkel stehn die Sterbebetten,
und langsam sehnen sie sich dazu hin;
und sterben lange, sterben wie in Ketten
und gehen aus wie eine Bettlerin.

Schließlich ist die Rede von Armenspitälern, in denen dieses kümmerliche Leben enden wird:

Dort ist der Tod. Nicht jener, dessen Grüße
sie in der Kindheit wundersam gestreift,
– der kleine Tod, wie man ihn dort begreift;
ihr eigener hängt grün und ohne Süße
wie eine Frucht in ihnen, die nicht reift.

Hier erscheint der Tod nicht wie ein Parzenschnitt am Lebensende, sondern als eine Frucht, die in einem geglückten Leben reift. Diese Reife bleibt freilich vielen Menschen auf traurig machende Weise versagt. Rilke fügt diesem Gedicht über „die großen Städte" die Bitte hinzu:

O Herr, gib jedem seinen eignen Tod.
Das Sterben, das aus jenem Leben geht,
darin er Liebe hatte, Sinn und Not.

Das Gottesbild des Dichters redet nicht vom Gott der Bibel, von keinem persönlichen, sondern von einem werdenden Gott, der als solcher auch ein Menschenwerk ist. Viele seiner Aussagen über Gott in oft berückender poetischer Sprache sind freilich rückholbar in den Horizont biblischer Gottesrede, die Rilke ja dazu inspiriert hat. Dem Todesthema ist auch das Requiem-Doppelgedicht für eine Freundin und für den Dichter Wolf Graf von Kalckreuth zugeordnet. Gleiches gilt in weiterem Sinn für die *Duineser Elegien* und für die *Sonette an Orpheus*.

Das Grab Rilkes liegt an der Südseite der Kirche von Raron im Schweizer Wallis. Der weiße Grabstein trägt das Wappen eines Cornets und den vom Dichter selbst dafür bestimmten Text:

Rose, oh reiner Widerspruch, Lust,
Niemandes Schlaf zu sein unter soviel
Lidern.

Die Rosenblätter werden hier zum Gleichnis für Lider, die schlafende Augen bedecken. Um den Grabstein rankt sich ein Rosenstrauch.

Ein Mönch auf der Titanic

In der Nacht vom 14. auf den 15. April 1912 versank die Titanic, das damals modernste und größte Passagierschiff der Welt, in den Fluten des Atlantischen Ozeans nach dem Zusammenstoß mit einem Eisberg, der das Schiff an dessen Längsseite unterhalb der Wasseroberfläche an den vordersten fünf seiner insgesamt sechzehn wasserdichten Abteilungen – in der Fachsprache Schotten genannt – beschädigt hatte. Der Untergang innerhalb von etwa zwei Stunden inmitten einer spiegelglatten Wasseroberfläche war damit unvermeidbar geworden. Die Titanic, der Stolz der Reederei *White Star* mit den gewaltigen Maßen von ungefähr 260 Metern Länge, 28 Metern Breite und 30 Metern Höhe, war auf ihrer Fahrt unterwegs vom englischen Hafen Southampton nach New York und galt als unsinkbar. Von den 1308 Passagieren und 898 Mann Besatzung konnten nur 703 gerettet werden. Obwohl schon seit Stunden die Warnung vor Eisbergen gegeben war, fuhr das Schiff in der Nähe der Großen Neufundlandbank in dieser sternklaren Nacht mit unverminderter Geschwindigkeit. Der Kapitän wollte einen transatlantischen Geschwindigkeitsrekord erreichen. Rettungsboote gab es nur für 800 Menschen, obwohl mehr als 2000 Menschen an Bord waren. Ein übergroßes Vertrauen auf Wissenschaft und Technik hatte die Verantwortlichen offenbar blind gemacht gegenüber den Gefahren, denen auch ein so großes und großartiges Schiff ausgesetzt war.

Zunächst bemerkten nur wenige Passagiere die Kollision mit dem Eisberg, und auch als später fast alle vom eingetretenen Schaden wussten, glaubten die meisten eine Zeit lang noch immer, das Schiff sei unsinkbar, und zögerten, in Rettungsboote einzusteigen. Viele Plätze auf den ersten Booten blieben daher unbesetzt, was die Zahl der Todesopfer vermehrte. Dem Kapitän wurde nun bekannt, das am nächsten befindliche und durch Funk zu Hilfe gerufene Schiff, die Carpathia, könne erst in vier Stunden zu Hilfe kommen: Zu spät, denn die Titanic würde dann schon versunken sein. Indessen sank die hell erleuchtete Titanic weiter. Ihr Heck richtete sich immer steiler zum nächtlichen Himmel auf und Menschen fielen von dort wie Steine ins Meer. Schließlich brach das Schiff in zwei Hälften auseinander. Der Bug versank. Das Heck, auf dem hunderte Menschen um ihr Leben rangen, senkte sich, füllte sich aber bald auch mit Wasser und versank wie der Bug in eine Tiefe von 3600 Metern auf den Meeresgrund.

Unter den Passagieren befanden sich auch zwei katholische Priester, nämlich der irische Father Thomas Byles und der Benediktinerpater Josef Peruschitz aus der bayrischen Abtei Scheyern. Pater Josef stand im Alter von einundvierzig Jahren und war dazu bestimmt, als Lehrer beim Aufbau eines Gymnasiums der Abtei Collegeville in Minnesota Hilfe zu leisten. Im Kloster Scheyern war er ein stiller, treuer Mönch und guter Lehrer gewesen. Seine Familie hatte väterlicherseits Wurzeln in Ungarn und Kroatien. Die beiden Priester hatten in den wenigen Tagen der bisherigen Reise mit vielen Katholiken an Bord Gottesdienst gefeiert und waren als Beichtväter tätig gewesen. Nach Eintritt der Katastrophe halfen sie Frauen und Kindern beim Einsteigen in die Rettungsboote. Viele mussten dabei ihre männlichen Angehörigen zurücklassen. Die Priester gaben in dieser schmerzlichen Situation Zuspruch. Als ihnen das Einsteigen in eines der Boote angeboten wurde, verzichteten sie darauf. Nachdem das letzte Rettungsboot ins Meer gesetzt war, blieben noch mehr als 1600 Menschen auf dem Schiff zurück. Man gab ihnen Rettungsgürtel, aber im eiskalten Wasser mussten sie ertrinken oder erfrieren, wenn kein treibendes Boot sie aufnahm.

Die Insassen des letzten Rettungsbootes, das sich vom Schiff entfernt hatte, sahen, wie die beiden Priester inmitten einer großen Anzahl kniender Passagiere den Rosenkranz vorbeteten, und hörten deren Antwort. Dann erloschen die elektrischen Lichter der Titanic, „man hörte aber“, so schrieb die New Yorker Zeitschrift *America,* „weder Jammergeschrei noch Schreckensrufe. Nur die friedvollen Stimmen des Gebetes klangen herüber, als das Schiff in den Wellen verschwand“.

Hugo von Hofmannsthal

Jedermann – Das Spiel vom Sterben des reichen Mannes

Alljährlich im Monat August hallen dröhnende Stimmen über den Platz vor dem Salzburger Dom, die nach „Jedermann" rufen: nach dem reichen Mann, der dadurch jählings aus einem von praller Weltimmanenz bestimmten Leben aufgescheucht und vor die große Frage gestellt wird, was angesichts seines Todes Bestand hat. Der 1874 in Wien geborene und 1929 dort verstorbene Hugo von Hofmannsthal hat sein Mysterienspiel *Jedermann* 1911 vollendet. Er bezog sich dabei auf eine englische Quelle aus dem 16. Jahrhundert und auf ältere Quellen und verstand „die alte Geschichte von Jedermanns Ladung vor Gottes Richterstuhl" als zeitloses, allgemein menschliches und daher „nicht einmal mit dem christlichen Drama unlösbar verbundenes Märchen".

Seit die Salzburger Festspiele 1920 mit dem *Jedermann* auf dem Domplatz eröffnet wurden, hat dieses „Spiel vom Sterben des reichen Mannes" seinen Platz im Repertoire dieser Festspiele trotz vieler abwertender Kritik behauptet. Die volkstümliche, holzschnittartige Sprache kontrastierte von Anfang an mit den zeitkritischen Akzenten Hofmannsthals und der vielen Regisseure, die sich seit Max Reinhardts erster Berliner Inszenierung im Jahr 1911 dieses Stückes angenommen haben. Dennoch ist das Interesse des Salzburger Publikums ungemindert erhalten geblieben.

Gott der Herr beauftragt den Tod, Jedermann vor den göttlichen Richterstuhl zu bringen, damit dieser Rechenschaft ablege über sein irdisches Leben. Der reiche Mann ist ein stolzer, selbstgerechter Herr seines Reichtums. Die Not seines armen Nachbarn und seines Schuldknechts rührt ihn ebenso wenig wie die Mahnungen seiner frommen alten Mutter, er möge umkehren, um sein ewiges Heil nicht zu verspielen. Sein Gott und Herr ist längst das Geld, der Mammon, über den er sagt:

Mein Geld muss für mich werken und laufen,
Mit Tod und Teufel hart sich raufen,
Weit reisen und auf Zins ausliegen,
Damit ich soll, was mir zusteht, kriegen.

Inmitten eines fröhlichen Gelages mit vielen Gästen überrascht ihn der Tod, um ihn zum Gericht vor Gottes Thron zu holen. Jedermann bittet um Aufschub für die Dauer einer Stunde, damit er wenigstens einen Gefährten suchen kann, der bereit ist, ihn zu begleiten. Aber weder der Gute Gesell' noch der Dicke und der Dünne Vetter, noch die Buhlschaft oder andere Gäste sind dazu bereit, sondern verlassen fluchtartig das Fest. Als der reiche Mann seine Schatztruhe holen lässt, entsteigt ihr „Mammon" und stellt sich ihm mit folgenden Worten vor:

Dein Reichtum bin ich halt, dein Geld,
Dein ein und alles auf der Welt.

Zum göttlichen Gericht können ihn nur seine geringen guten Werke und deren Schwester, der Glaube, in Gestalt zweier Frauen begleiten. Der Glaube Jedermanns erstarkt aber, als er erkennt, dass der Opfertod Christi „seine Schuldigkeit" schon für alle Ewigkeit vorausbezahlt hat:

Gott hat geworfen in die Schal
Sein Opfertod und Marterqual
Und Jedermannes Schuldigkeit
Vorausbezahlt in Ewigkeit.

Hofmannsthal will hier keine billige Rechtfertigung eines Sünders präsentieren, sondern auf die Kraft einer reumütigen Anerkennung dieser Liebe Christi verweisen. Vergebens versucht der Teufel, Jedermann den beiden Frauen auf dem Weg zu Gottes Thron zu entreißen.

Unter den vielen tausenden Menschen, die seit 1920 auf dem Salzburger Domplatz das *Jedermann*-Spiel miterlebt haben, war 1936 auch Albert Camus. In einem Brief aus Salzburg schrieb er: „Gerade habe ich ein von Max Reinhardt inszeniertes ‚Mysterienspiel' von Hofmannsthal gesehen, ‚Jedermann oder Spiel über den Tod eines reichen Mannes'. Um fünf Uhr nachmittags begann die Vorstellung auf dem Platz vor dem Dom. Ich habe viel dabei gelernt. Aber vor allem war es seltsam bewegend. Gegen Ende brach die Dämmerung herein. Der Reiche starb reuig. Und der über sein Grab gebeugte Glaube sagte: ‚Nun hat er alles verloren, sogar das Leben.'"

FRIEDRICH NIETZSCHE

Am Ende Mitleid mit einem gequälten Tier

Am 3. Januar 1889 beobachtete Friedrich Nietzsche auf der Piazza Carlo Alberto in Turin, wie ein Droschkenkutscher auf sein Pferd einschlug. Weinend umarmte er das gequälte Tier, um es zu schützen, und brach dann in geistiger Verwirrung zusammen. Drei Tage später schrieb er an Jacob Burckhardt in Basel, den er stets verehrt hatte, einen Brief. Er gab sich darin in voll ausgebrochenem Wahn als Gott aus, dessen Tod er Jahre vorher mit sprachmächtigem Pathos verkündet hatte.

In *Ecce homo,* einem seiner letzten Werke, hatte er den Kampf gegen das Christentum nochmals aufgenommen. Die christliche Mitleidsmoral habe den Lebenswillen geschwächt, schrieb er. Sie sei „ein welthistorischer Aufstand der Mucker gegen die starken Geschlechter" gewesen. Vor diesem Hintergrund erscheint es als ein großes Paradox, dass der geniale Philosoph, Philologe, Schriftsteller und Dichter Nietzsche sein öffentliches Handeln mit einem Akt des Mitleids, bezogen auf ein leidendes Tier, beendet hat.

Die vorausgehenden Wochen waren für ihn eine glückliche Zeit gewesen. Er fühlte sich gesund wie noch nie, besuchte Operetten und Platzkonzerte und nannte sich einen tanzenden Satyr und Hanswurst. Nach seinem jähen Zusammenbruch reiste sein treuer Freund Overbeck nach Turin und begleitete den Kranken in die Nervenklinik nach Basel. Seine Mutter brachte ihn später in eine ähnliche Anstalt nach Jena und schließlich in ihr Haus nach Naumburg. Nach ihrem Tod schaffte ihn seine Schwester Elisabeth in die Villa Silberblick in Weimar. Dort ist er auch gestorben.

Nietzsche war vorher oftmals krank gewesen. Dreizehn Jahre vor der endgültigen Katastrophe hatte er autobiographisch angemerkt: „Mein Vater starb mit sechsunddreißig Jahren an Gehirnentzündung, es ist möglich, dass es bei mir noch schneller geht." Er lebte aber noch zehn Jahre in einem meist elenden Zustand dahin. Ein Besucher berichtete über die letzten Monate dieses Lebens, das am 25. August 1900 zu Ende ging: „Wir haben ihn freilich in seinen gesunden Tagen nicht gekannt, sondern erst als Kranken im letzten Stadium der Paralyse gesehen ... Trotzdem gehören die Minuten, die wir in seiner Gegenwart weilten, zu den wertvollsten Erinnerungen unseres Lebens ... Trotzdem die Augen erloschen und die Züge erschlafft waren, trotzdem der Arme mit gekrümmten Gliedern da lag und hilfloser als ein Kind war, ging ein Zauber von seiner Persönlichkeit aus und offenbarte sich eine Majestät in seiner Erscheinung, wie ich es nie wieder bei einem Menschen empfunden habe."

Im sächsischen Dorf Röcken, wo er geboren worden und wo sein von ihm sehr geliebter Vater evangelischer Pfarrer gewesen und schon fünf Jahre nach der Geburt des Sohnes gestorben war, wurde er begraben. Man hatte ihn als Zwölfjährigen scherzhaft einen „kleinen Pastor" genannt, und er selbst bezeichnete sich später als eine „Pflanze, nahe dem Gottesacker geboren". Er „ist seinen Gott nur schwer losgeworden", schreibt Rüdiger Safranski in seinem im Jahr 2000 erschienenen Buch *Nietzsche. Biographie seines Denkens.* Ein weiter Weg war es, der den eigenwilligen, aber friedlichen Knaben schließlich zum schrecklichen Ideal des Übermenschen führte, den er beispielsweise im Renaissancefürsten Cesare Borgia verkörpert sah, und zu Dionysos als ersehnte Gestalt im Gegensatz zum gekreuzigten Christus.

In der 1887 entstandenen Schrift *Zur Genealogie der Moral* kamen Vernichtungsphantasien ungezügelt zu Wort. Da heißt es: „Die Menschheit als Masse dem Gedanken einer einzelnen stärkeren Species Mensch geopfert – das wäre ein Fortschritt." Und in *Ecce homo* finden sich erschreckende Aussagen über eine „künftige Partei des Lebens". Sie werde „die größte aller Aufgaben, die Höherzüchtung der Menschheit" in die Hände nehmen, „eingerechnet die schonungslose Vernichtung alles Entartenden und Parasitischen". Daraus werde „der dionysische Zustand wieder erwachsen". Nationalsozialisten haben später versucht, das hier angesprochene Programm zu verwirklichen.

Ungeachtet dieser negativen Wirkungsgeschichte darf man Nietzsche nicht zu rasch verstehen wollen, wenn man ihm gerecht werden will. Er ist, wie Eugen Biser angemerkt hat, „stets eine schwer zu fassende Einheit von Position und Gegenposition. Immer ist er beides zugleich: Philosoph und Antiphilosoph, heimlicher Verehrer Jesu und wütender Antichrist."

Die freundschaftliche Bewunderung Nietzsches für Richard Wagner und dessen Frau Cosima verkehrte sich ins Gegenteil. Auch seine Mutter und Schwester waren ihm schließlich verhasst. „Du hast nicht den entferntesten Begriff davon, nächstverwandt mit eben dem Menschen und Schicksal zu sein, in dem sich die Fragen von Jahrtausenden entschieden haben", schrieb er 1888 im Entwurf eines Briefes an die Schwester.

Im letzten Sommer, den er in Sils Maria, einem Dorf im Oberengadin, erleben konnte, schrieb er, der andere oft verletzt hatte und selbst überaus verletzlich gewesen war: „Es ist wirklich sehr leer um mich geworden." Jahre vorher hatte er in einer gesundheitlichen Krise einem Freund geschrieben: „Lass mich als einen redlichen Heiden ohne Lügen ins Grab legen!"

Safranski vergleicht Nietzsche am Schluss seines Buches mit dem „Mönch am Meer" auf einem bekannten Bild des Malers Caspar

David Friedrich und sagt: „Da steht jemand allein am Ufer vor einem ungeheuren Horizont aus Himmel und Meer. Lässt sich dieses Ungeheure denken? Wird nicht jeder Gedanke wieder aufgelöst von der Erfahrung des Ungeheuren? Nietzsche war ein solcher Mönch am Meer, das Ungeheure immer im Blick und immer bereit, das Denken im Unbestimmbaren untergehen und es wieder mit neuen Gestaltungsversuchen beginnen zu lassen. Sollen wir das festgegründete Reich der Vernunft verlassen und aufs offene Meer des Unbekannten hinausfahren, hatte Kant gefragt und dafür plädiert, hier zu bleiben. Nietzsche aber war hinausgefahren."

Therese von Lisieux

Sterben in der Wüste

In der Verborgenheit des Karmelitinnenklosters von Lisieux in Nordfrankreich starb am 30. September 1897 die Nonne Therese Martin nach einem Todeskampf von zwei Tagen in ihrem fünfundzwanzigsten Lebensjahr an Tuberkulose. Seit dem Ostersonntag des vorausgehenden Jahres und bis zum Lebensende war ihr eine geistliche Wüstenerfahrung auferlegt, eine Verdunklung der Beziehung zu Gott, eine „Nacht des Nichts", als ob Gott nicht existierte. Dies geschah zu einer Zeit, als sich der Atheismus in Europa in großem Maße ausbreitete. Friedrich Engels, der Begründer des dialektischen Materialismus, war zwei Jahre vorher gestorben, und Lenin hatte im selben Jahr seinen Kampfbund zur Befreiung der Arbeiterklasse gegründet.

Therese hatte die Intuition, von Jesus selbst an den „Tisch der Ungläubigen" geführt worden zu sein, um dort in Solidarität mit solchen Menschen ihrer Zeit zu verharren. Für diese Nichtglaubenden wollte sie stellvertretend beten und leiden in schließlich immer trostloserer Einsamkeit, so wie der verlassene Jesus in der Nacht vor seinem Tod am Ölberg und am folgenden Tag am Kreuz gelitten hatte.

Fern jeder Öffentlichkeit nahm die kleine Karmelitin auf diese Weise am großen Kampf der Geister teil, der damals in der Öffentlichkeit der Universitäten, der Zeitungen und der politischen Gruppierungen ausgetragen wurde. In der Einsamkeit ihrer Zelle wirkte sie so missionarisch in alle Welt hinein. Dies wurde erst nach ihrem Tod öffentlich bekannt. Im Jahr 1927 erklärte Papst Pius XI. sie am römischen Petersplatz in Gegenwart einer riesigen Zahl von Pilgern zur Heiligen und zwei Jahre später zur Patronin der Weltmissionen.

Im Unterschied zu Teresa von Avila, die man gerne die „Große Teresa" nennt, spricht man von Therese von Lisieux als von der „Kleinen Therese", obwohl sie auf ihre Weise nicht weniger groß war als die spanische Mystikerin. In der Gemeinschaft ihres Karmelitinnenklosters trug sie den Namen Theresia vom Kinde Jesu. Das Kindsein, das Kleinsein vor Gott war ein besonders ausgeprägter Wesenszug ihrer Spiritualität, ja ihrer Biographie überhaupt.

Nach einer zunächst glücklichen Kindheit als jüngstes Kind inmitten ihrer tieffrommen Familie verlor Therese im Alter von viereinhalb Jahren die Mutter und damit auch ihr seelisches Gleichgewicht, obwohl der geliebte Vater sich sehr einfühlsam um sie sorgte. Nachdem eine ihrer Schwestern in den Karmel von Lisieux eingetreten war, wollte auch Therese schon im Alter von nicht einmal fünfzehn Jahren Ordensfrau werden. Nach Überwindung vieler Widerstände durfte sie schließlich – noch nicht sechzehn Jahre alt – das Noviziat beginnen und legte noch vor ihrem achtzehnten Geburtstag die Ordensgelübde ab.

Bald schon lastete geistige Dürre auf ihrem Gebet. Die Krankheit des geliebten Vaters, der 1894 starb, bereitete ihr zusätzlichen Schmerz. Dann aber folgten einige Monate ungetrübter geistlicher Freude, bis in der Karwoche 1896 durch Bluthusten eine Erkrankung an Tuberkulose offenbar wurde, an welcher sie nach achtzehn Monaten starb. Diese schmerzhafte Krankheit war begleitet von einer schweren Prüfung ihres Glaubens, die in christlicher Sicht ein stellvertretendes Leiden für gottferne Menschen war.

Die ihrem Wesen nach fröhliche „Kleine Therese" ging einen von ihr so genannten „Kleinen Weg". Sie verstand sich als klein vor Gott, als verborgen im Herzen der Kirche und von einem barmherzigen Gott zur Barmherzigkeit gegenüber den Menschen berufen. Im Verhältnis zu Gott erfuhr sie, was Georges Bernanos die Hauptgestalt in seinem Roman *Das Tagebuch eines Landpfarrers* während des Sterbens sagen lässt: „Alles ist Gnade." Die leeren Hände der jungen Nonne wurden reichlich gefüllt, damit sie verschwenderisch weitergeben konnte, was ihr geschenkt war. Immer noch geht von ihren Schriften und von den Tausenden der Bilder und Statuen, die in unzähligen Kirchen aller Kontinente an sie erinnern, verwandelnde Kraft aus.

Anton Bruckner

Die letzte Symphonie

Bis in die letzten Tage seines Lebens, das an einem Sonntag – es war der 11. Oktober 1896 – in Wien zu Ende ging, arbeitete Anton Bruckner am Finale seiner Neunten Symphonie. Die drei anderen Sätze waren schon seit einigen Jahren vollendet. Der Meister hatte die zwei vorausgehenden Symphonien dem König von Bayern und dem Kaiser von Österreich gewidmet. Die neunte und letzte sollte „dem lieben Gott" gewidmet sein. In seinem Buch über Bruckner schrieb Leopold Nowak über die letzten Tage des Komponisten: „Wohl arbeitete Bruckner unentwegt am Finale der Neunten, schrieb, strich wieder aus, schlug ein paar Akkorde an, aber die Kraft, dies alles festzuhalten und zum fertigen Werk zu fügen, fehlte. Mit den körperlichen Kräften erlahmten auch die geistigen. Es war ein unaufhaltsames, langsames Hinübergehen in die Nacht des Todes."

Als Sohn der kinderreichen und armen Familie eines Dorfschullehrers in Ansfelden bei Linz geboren, konnte Anton Bruckner seine musikalische Genialität nur unter schwierigen Bedingungen und gegen viele Widerstände entfalten und zu öffentlicher Anerkennung bringen. Nach dem frühen Tod des Vaters erfuhr er Förderung als Sängerknabe im Chorherrenstift St. Florian, dem er auch von allen weiteren Stationen seines Weges aus immer dankbar verbunden blieb. Von allen Orgeln, an denen er später in Linz, Wien und auf Konzertreisen in mehrere Länder seine Meisterschaft erweisen sollte, blieb ihm die Orgel von St. Florian immer das liebste Instrument. Der seinen Leichnam umschließende Sarkophag ist in der Krypta der Stiftskirche genau unterhalb dieser Orgel aufgestellt. Wie sein Vater und sein Großvater wollte der junge Bruckner zunächst Lehrer werden und übte diesen karg dotierten Beruf nach der Ausbildung in Linz als Schulgehilfe in einigen Dörfern und schließlich durch elf Jahre in

St. Florian als Lehrer und Hilfsorganist aus. Dann war er durch zwölf Jahre Domorganist in Linz. Der Linzer Bischof Rudigier ermöglichte seinem Organisten eine Ausbildung bei dem berühmten Theoretiker Simon Sechter in Wien. Die abschließende Prüfung versetzte 1861 die Kommission in großes Staunen über die Genialität Bruckners betreffend Harmonielehre und Kontrapunkt. In der Musikstadt Linz fand der Domorganist aber auch Zugang zur Orchestermusik als Ergänzung zur musikalischen Welt Simon Sechters. Als erste Synthese aus beidem entstand 1864 die d-Moll-Messe, die Bruckner als ein neues musikalisches Genie erweisen sollte. In Linz hörte er auch erstmals Musik von Richard Wagner, dem er später in München und Bayreuth mehrmals persönlich begegnen konnte. Bruckners Verehrung für Wagner führte aber zu keinem Verlust an schöpferischer Eigenständigkeit. Glaubhaft bezeugt ist der Ausspruch Wagners: „Nur einen kenne ich, der an Beethoven hinanreicht – und der ist Bruckner."

In Linz komponierte Bruckner bis 1868 weitere große Messen, unterbrochen durch einen psychischen Zusammenbruch infolge Überarbeitung. Mit der Übersiedlung nach Wien in diesem Jahr begann die Zeit der Symphonien, die bis zu seinem Tod noch beinahe dreißig Jahre dauern sollte.

Das Leben in Wien als Professor in Nachfolge von Simon Sechter und als Hoforganist war zeitweise überschattet von finanziellen Problemen, von Ablehnung der völlig neuen Sprache der symphonischen Musik Bruckners, von Polemik seitens der Gegner Wagners wegen Bruckners Verehrung für den Meister von Bayreuth und in den letzten Jahren durch Krankheit, der Bruckners robuste physische Konstitution schließlich doch unterlag. Die Wiener Jahre waren aber auch eine Zeit großer Erfolge. Ein Beispiel dafür gibt der Bericht von Hugo

Wolf über die Uraufführung der VIII. Symphonie im Dezember 1892 im großen Musikvereinssaal. Hugo Wolf schrieb: „Diese Symphonie ist die Schöpfung eines Giganten und überragt an geistiger Dimension, an Fruchtbarkeit und Größe alle anderen Symphonien des Meisters. Der Erfolg war trotz der unheilvollsten Kassandrarufe von Seiten Eingeweihter ein fast beispielloser. Es war ein vollständiger Sieg des Lichtes über die Finsternis, und wie mit elementarer Gewalt brach der Sturm der Begeisterung aus, als die einzelnen Sätze verklungen waren. Kurz, es war ein Triumph, wie ihn ein römischer Imperator nicht schöner wünschen konnte."

Im Adagio der vorausgehenden, der VII. Symphonie hatte Bruckner seiner Trauer über den Tod Richard Wagners einen dramatischen Ausdruck gegeben. Im Gegensatz dazu steht das heitere Scherzo, das vom Krähen eines Hahnes inspiriert ist.

Bruckner hatte kein erkennbares Interesse für Literatur, bildende Kunst oder philosophische Fragen. Sein Genie kam allein in der Sprache der Musik zum Ausdruck. Musik, Natur und Religion waren für ihn bestimmend. Sie sprengten den im Übrigen biedermeierlichen und oft belächelten, ja verspotteten Rahmen seines Lebens und offenbarten seine wahre Größe. „Dem lieben Gott" widmete er nicht nur sein letztes symphonisches Werk, die unvollendete IX. Symphonie, sondern auch sein *Te Deum,* das neben Mozarts *Requiem* und Beethovens *Missa solemnis* zum Großartigsten der katholischen Kirchenmusik zählt.

JOHN HENRY NEWMAN

Der Tod eines Gentlemans

Einer der ehrwürdigsten Christen im England des 19. Jahrhunderts war John Henry Newman. Geboren 1801 in einer wohlhabenden Familie in London und beschenkt mit reichen Gaben des Herzens und des Geistes, wählte er nach einer Bekehrungserfahrung den Beruf eines anglikanischen Theologen und Priesters. Oxford war das Zentrum seines immer bedeutsamer werdenden Wirkens. Sein Leben sollte 90 Jahre dauern. In der Mitte dieser Zeit, also 45-jährig, konvertierte er nach langem geistigem Ringen zur katholischen Kirche. Im kulturellen Leben Englands löste dies einen Schock aus und entfremdete ihn vielen Freunden. Nach Studien und der katholischen Priesterweihe in Rom kehrte er nach England zurück und lebte bis zu seinem Tod in der Priestergemeinschaft des Oratoriums von Birmingham.
Trotz vieler Anfeindungen von anglikanischer wie katholischer Seite strahlte das sanfte Licht dieses Mannes von Jahr zu Jahr stärker und erleuchtete viele Menschen. Seine Bücher machten ihn immer bekannter in England, aber auch in Rom. Papst Leo XIII. ernannte den nun beinahe 80-Jährigen zum Kardinal. Da er nicht Bischof war, lebte er wie bisher in aller Bescheidenheit bei den Oratorianern in Birmingham.
Von den zahlreichen Schriften Newmans handeln einige vom Wesen der Bildung. Ziel der Bildung sollte demnach der „Gentleman“ sein, ein Mensch, der niemandem unnötig Leid zufügt. Newman selbst lebte dieses Ideal auf exemplarische Weise, aber nicht in einer flachen, harmlosen Friedfertigkeit, sondern in wacher Teilnahme am Ringen der Geister seiner Epoche um Wahrheit. Mit sanfter Unerbittlichkeit trat er dem damals wie heute sich ausbreitenden religiösen Relativismus entgegen, der das Christentum lediglich als eine der vielen Möglichkeiten auf dem Markt religiöser Glaubensmodelle erscheinen

lässt. In seiner in Rom aus Anlass seiner Ernennung zum Kardinal am 12. Mai 1879 gehaltenen Rede beschrieb er den von ihm bekämpften Liberalismus als die Lehre, dass es keine positive Wahrheit in der Religion gebe, dass geoffenbarte Wahrheit nicht Wahrheit, sondern Gefühl und eine Sache des Geschmackes sei. Dies vorausgesetzt, sei es ebenso anmaßend, über die Religion eines Menschen nachzudenken, wie sich um die Quellen seines Einkommens und die Führung seiner Familie zu kümmern. Religion höre so auf, ein gesellschaftliches Band zu sein. Diese Kritik wäre heute um nichts weniger aktuell. Die neueren Dogmen der katholischen Kirche, so betonte er, sind nicht Verunstaltungen des Glaubens, sondern authentische Entwicklungen der von Gott gegebenen Offenbarung.

Als für ihn die Zeit zu sterben kam, war die Zahl seiner Gegner allerorten klein geworden. John Moody schreibt darüber: „Sein Tod rief ganz England auf; die Bevölkerung insgesamt ließ alle Vorurteile fallen und vereinigte sich im Lobe für diesen größten englischen Apostel der christlichen Wahrheit im neunzehnten Jahrhundert. Viele Lobreden erschienen in der öffentlichen Presse, die in der Londoner ‚Times' war die bemerkenswerteste."

Newmans letzte Handlung auf dieser Welt war eine Tat dankbaren Gedenkens einem Menschen gegenüber, der ihm Jahrzehnte vorher in einer Zeit der Trübsal verstehendes Mitgefühl gezeigt hatte. Ein Priester aus seiner Umgebung schrieb darüber Folgendes: „Eine arme, bedürftige Person, die ihm fremd war, hatte eines Tages in der Pforte des Hauses ein seidenes Halstuch mit einigen Zeilen der Hochschätzung für ihn abgegeben. Das war vor vielen Jahren geschehen, ehe er noch Kardinal war, in jener Zeit, in der er sozusagen oft beiseite gesetzt wurde, zu einer Zeit auch, in der er selbst arm war.

Sowohl das Geschenk wie auch das Begleitschreiben wurden von ihm aufgenommen, wie sie beabsichtigt waren, und mit feierlichem Ernst, der sogar nicht einmal ein Lächeln aufkommen ließ. Er verwahrte das Halstuch als etwas, was ihm teuer war. Als er in der Erwartung seines Todes sich zu Bett legte, ließ er sich das Tuch bringen und legte es an, und obgleich die Ärzte sagten, er brauche es nicht, behielt er es und starb damit. Er hatte es ganze dreißig Jahre, ja vielleicht noch länger aufbewahrt."

Vor seinem Sterben bat der Obere des Oratoriums von Birmingham den Kardinal noch um ein Wort des Abschieds an die Kinder, die hier unterrichtet wurden. Newman sagte: „Die Knaben mögen sanft sein und die Mädchen tapfer." Newman war bewusstlos, als der Tod am Abend des 11. August 1890 bei ihm eintrat. Sein Grabstein trägt die von ihm vorgesehene Inschrift *Ex umbris et imaginibus in veritatem* – „Aus Schatten und Bildern zur Wahrheit". Sein Wappen als Kardinal zeigte drei Herzen und den Wahlspruch *Cor ad cor loquitur* – „Das Herz spricht zum Herzen".

Fjodor Dostojewski
„Halte mich nicht zurück“

Die Redensart „Man stirbt im Leben nicht nur einmal“ trifft besonders auf das Leben des russischen Schriftstellers Dostojewski zu. Der 1821 in Moskau Geborene und 1881 in St. Petersburg Verstorbene wurde als noch junger Mann wegen seiner Mitgliedschaft in einer sozialistisch inspirierten Untergrundgruppe im April 1849 verhaftet und im Dezember zum Tod durch Erschießen verurteilt. Als gerade das Todesurteil vollstreckt werden sollte, traf die Nachricht von der Begnadigung durch den Zaren ein. Dostojewski empfand diese Begnadigung zum Weiterleben wie eine neue Geburt, obwohl er nicht in Freiheit gesetzt, sondern zur Zwangsarbeit in ein sibirisches Arbeitslager deportiert wurde. Vorzeitig aus dem Lager entlassen, musste er dennoch als Verbannter bis 1859 in Sibirien bleiben. Über das Leben im Lager, die Katorga, schrieb er das erschütternde Buch *Aufzeichnungen aus einem Totenhaus,* das 1861 veröffentlicht wurde. Der Heimkehr folgten Jahre ungemein reichen literarischen Schaffens in Russland und im Ausland. An der Fassade eines Hauses gegenüber dem Palazzo Pitti in Florenz gibt eine steinerne Tafel davon Nachricht, dass der große Russe hier an seinem Roman *Der Idiot* gearbeitet hat. In diesem Buch findet sich eines der Schlüsselworte zu seinem Werk. Es lautet: „Das Schöne wird die Welt retten.“ Alexander Solschenizyn, dessen Leben durch die Haft im Archipel Gulag dem Geschick Dostojewskis ähnlich ist, hat dieses Wort in seiner Nobelpreisrede im Jahr 1970 zitiert, die in seiner erzwungenen Abwesenheit in Stockholm vorgetragen wurde.

Kurz vor seinem Tod hat Dostojewski sein Hauptwerk *Die Brüder Karamasow* vollendet. In jeder der männlichen Personen, die hier vorgestellt werden, hat der Autor vielleicht etwas von seinem eigenen Wesen zum Ausdruck gebracht, im großen Bogen vom düsteren Iwan

bis zum engelgleichen Aljoscha. Er wusste um die Tiefen, die Abgründe der menschlichen und zumal der russischen Seele.
In diesem Roman findet man auch die Legende vom Großinquisitor, der dem unerwartet wiedergekehrten Christus selbstgewiss gegenübertritt. Der Bericht über die nächtliche Begegnung zwischen Christus und dem Kardinal-Inquisitor im Kerker von Sevilla ist einer der wohl bewegendsten Texte der Weltliteratur, die von der Spannung zwischen Macht und Liebe handeln. Christus schweigt zu allen Vorwürfen des Inquisitors, der ihm sagt, dass die von ihm verkündete Freiheit und Liebe nur für wenige Auserwählte lebbar sei. Dann aber küsst er den Greis auf die blutleeren Lippen. Dies bezwingt diesen zwar, verwandelt ihn aber nicht. Er öffnet die Kerkertür und sagt zu Christus: „Geh! Komm nie wieder!" Dennoch – das sagt diese Legende – ist die Liebe zuletzt stärker als alles andere.
In seinem Aufsatz *Dostojewskij und die Vatertötung* hat Sigmund Freud versucht, den großen Russen unter vier Aspekten zu deuten, nämlich als Dichter, Neurotiker, Ethiker und Sünder. Freud hat wenig Sympathie für Dostojewski, und dessen religiöse Dimension bleibt ihm im Grunde verschlossen. Dennoch schreibt er würdigend: „Am Dichter ist am wenigsten Zweifel, er hat seinen Platz nicht weit hinter Shakespeare. ‚Die Brüder Karamasow' sind der großartigste Roman, der je geschrieben wurde, die Episode des Großinquisitors eine der Höchstleistungen der Weltliteratur, kaum zu überschätzen."
Der schwierige Charakter Dostojewskis, der an Epilepsie litt, zeitweise einer Spielsucht verfallen und oft in Geldnot war, legte ihm und seiner Familie im Ganzen große Lasten auf. Die Charaktere seiner Bücher zeigen nicht nur seine geniale Kraft zu psychologischer Intuition, sondern im „Kampf zwischen Gott und dem Teufel" auch

seine tiefe Religiosität, seinen slawophilen Glauben an die Sendung des russischen orthodox-christlichen Volkes.
Als er in der Nacht zum 26. Januar 1881 einen Schrank, unter den sein Federhalter gefallen war, beiseite schieben wollte, löste diese körperliche Anstrengung einen Blutsturz aus. Er ließ einen Priester holen und empfing die Sakramente. Dann rief er Frau und Kinder herbei, ließ sich die Geschichte vom Verlorenen Sohn aus dem Lukasevangelium vorlesen und empfahl seinen Angehörigen eindringlich, das Gottvertrauen nie aufzugeben. Zwei Tage später öffnete er wieder das Evangelienbuch, um sich – wie früher schon oft – vom Text leiten zu lassen, den er beim Aufschlagen auf der linken Seite finden würde. Es waren Verse aus dem Johannesevangelium, darunter das Wort Christi an den Täufer Johannes: „Halte mich nicht zurück!" Dostojewski sagte zu seiner Frau: „Hörst du, halte mich nicht zurück!, folglich sterbe ich." Später ließ er das Buch seinem Sohn als geistliches Erbe übergeben und starb am Abend dieses 28. Januar 1881. An der Trauerfeier auf dem Friedhof des Alexander-Névskij-Klosters in St. Petersburg nahmen mehr als sechzigtausend Menschen teil.

Nikolaj Gogol

„Reicht mir eine Leiter!“

Wohl alle literarisch einigermaßen gebildeten Westeuropäer kennen etliches aus dem Werk des Russen Nikolaj Gogol, der am 1. April 1809 auf einem ukrainischen Landgut geboren wurde und am 4. März 1852 an Hunger und Gehirnanämie gestorben ist. Nur wenige wissen aber um die sich gegen das Ende hin zuspitzende Tragik seines Lebens. Am bekanntesten sind seine Komödie *Der Revisor* und Erzählungen wie *Der Mantel* und *Nevskij Prospekt*. In der *Revisor*-Komödie wird der Besuch eines Revisors aus der Hauptstadt St. Petersburg in einem russischen Provinznest angekündigt. Dessen Verwechslung mit einem schon vorher eingetroffenen kleinen, verschuldeten Beamten, der ebenfalls von dort gekommen ist und die sich für ihn aus dieser Verwechslung ergebenden Vorteile rasch erkennt und geschickt nützt, gibt dem Schriftsteller Gogol Gelegenheit, die für das damalige Russland typischen Missstände mit grotesker Komik darzustellen. Die Beamten der kleinen Stadt sind ausnahmslos menschlich verbogene Gestalten, die gemeinsam mit dem verwechselten Gast ein Gespinst aus Lügen weben, um ihre asozialen Interessen zu bedienen. Als der Schwindler sich aus dem Staub gemacht hat, trifft der echte Revisor ein, und die Anfangssituation ist wiederhergestellt. Es gibt im Text kein erkennbares didaktisches Ziel und keine moralische Reinigung. Und doch war diese Komödie nicht bloß zur Belustigung geschrieben worden, sondern auch moralisch gemeint. Gogol hatte sich von ihr vergeblich eine moralische Erneuerung Russlands versprochen. Liberale begrüßten das Stück als politische Satire auf die zaristische Bürokratie, Konservative waren entrüstet oder degradierten es zur amüsanten Farce. Gogol fühlte sich allseits missverstanden und reiste ins Ausland.

Tiefgründiger ist die Novelle *Der Mantel*. Ihr „Held“, ein armer, kleiner Petersburger Büroschreiber, der sich kurzzeitig durch das Projekt, einen neuen Mantel anfertigen zu lassen, über die Maulwurfperspektive seines Daseins erhoben hat, stirbt aus Gram, nachdem ihm dieser Mantel geraubt worden ist, und geht als strafendes Gespenst in der Stadt umher. In der Beschreibung dieses armseligen „Titularrates" verbinden sich grimmiger oder subtiler Spott über ihn und Trauer über seine Erniedrigung durch Kollegen, denen er zuruft: „Lasst mich, warum beleidigt ihr mich?" – „Und in diesen durchdringenden Worten", lässt Gogol den Erzähler in Erinnerung an die Botschaft der Bibel sagen, „klangen andere Worte: ich bin dein Bruder."

In der Novelle *Nevskij Prospekt* beschreibt Gogol das sich im Laufe eines Tages oft verändernde Bild der gleichnamigen Prachtstraße in St. Petersburg, der damaligen Hauptstadt Russlands. In den Realismus der Darstellung mischen sich auch hier fantastische Elemente. Da ist die Rede von „Backenbärten wie Samt und Atlas, schwarz wie Zobel oder Kohle, die aber ach! nur dem Auswärtigen Amt zustehen". Dieser schöne Schein ist freilich trügerisch, und Gogol sagt zusammenfassend: „Er lügt zu jeder Zeit, dieser Nevskij Prospekt."

In der letzten Dekade seines Lebens wandte sich Gogol mehr und mehr der Religion in Gestalt der russisch-orthodoxen Kirche zu. Er bekannte in Briefen, dass die seiner angestrengten Phantasie entsprungenen schäbigen oder anderswie abartigen literarischen Gestalten auf ihn selbst negativ zurückgewirkt hatten, und wollte nun eine „nützliche" belehrende Literatur schaffen. Dies misslang ihm gründlich. Sein Buch mit Fragmenten aus dem Briefwechsel mit Freunden wurde als „Propagierung einer rückwärtsgewandten" Utopie hart kritisiert. Belinskij nannte ihn einen „Kämpfer für Obskurantismus und Dunkelmännertum".

Gogols Meisterwerk war der *Mantel* gewesen. Dostojewski bekannte: „Wir sind alle aus Gogols ‚Mantel' hervorgegangen", als er von der neuen russischen Literatur sprach, die Unrecht leidende Menschen so sensibel dargestellt hat.

Der Versuch Gogols, im zweiten Teil der *Toten Seelen* positive Gestalten zu schaffen, erschien ihm selbst so misslungen, dass er das Manuskript verbrannte. „Das ist Gogols Tragödie", sagte der polnische Literat Józef Wittlin, „groß und echt ist er nur dort, wo er das Böse zeigt. Ohne Kommentare und ohne Moralpredigten. Wo er sich dagegen bewusst und ostentativ bemüht, ein gütiger, alles verzeihender Christ zu sein, enttäuscht er als Künstler fast völlig." Zuletzt schrieb Gogol in Abkehr von jedem literarischen Ehrgeiz das demütige Buch *Gedanken über die heilige Liturgie,* ein Dokument der Liebe zu Kult und Symbolik der Ostkirche. Die Gnade des Glaubens, die er erflehte, wurde ihm aber nicht zuteil. Er verbrachte seine letzten vier Jahre wieder in Russland. In der Nacht zum 12. Februar 1852 verbrannte er in Moskau als Gast eines Grafen Tolstoj die endgültige Version des zweiten Teils und den dritten Teil der *Toten Seelen.* Seine letzten Worte lauteten angeblich: „Eine Leiter! Reicht mir eine Leiter!"

„Rief er", so fragt Józef Wittlin, „vielleicht nach der Leiter Jakobs, auf der er mit Hilfe der Engel aus seiner Hölle hinausgelangen wollte?"

Friedrich Hölderlin

„Im heiligsten der Stürme falle zusammen meine Kerkerwand"

„Es muss beizeiten hinweg, durch wen geredet der Geist", hat Friedrich Hölderlin, einer der größten deutschen Dichter, in einer seiner Oden gesagt. Obwohl er ein Alter von dreiundsiebzig Jahren erreicht hat, gilt dieses Wort in eingeschränktem Sinn auch für ihn. Der 1770 geborene Schwabe wurde nach dem frühen Tod des Vaters von Mutter und Großmutter pietistisch-fromm erzogen und studierte schließlich evangelische Theologie in Tübingen, wo die späteren großen Philosophen Hegel und Schelling seine Kollegen und durch ein Jahr auch Zimmergenossen waren. Dem Beruf eines evangelischen Pfarrers zog er die Tätigkeit als Hauslehrer vor und führte als solcher ein Wanderleben, das ihn bis nach Bordeaux führte, unterbrochen durch philosophische Studien in Jena und den vergeblichen Versuch, sich als freier Schriftsteller zu etablieren. Eine schwärmerische Liebe zu Susette Gontard, dem Urbild der Diotima in seinem Briefroman *Hyperion,* blieb ebenso unerfüllt wie viele andere Lebensträume Hölderlins.
Den Heimweg von Bordeaux nach Schwaben legte er zu Fuß und bereits in seelischer Verstörung zurück. Seit 1806 lebte er geistig umnachtet in Tübingen, zuerst in der Irrenanstalt und schließlich bis zu seinem Tod am 7. Juni 1843 in der Obhut des Schreinermeisters Zimmer, der sich auf großartige Weise um ihn sorgte.
Hälfte des Lebens lautet der Titel eines der bekanntesten Gedichte Hölderlins. In diesem Text werden Bilder aus der Natur in Sommer und Winter einander schroff entgegengesetzt:

Mit gelben Birnen hänget
Und voll mit wilden Rosen das Land in den See

Das ist ein Sommerbild, in herrliche Poesie übersetzt.

Die Mauern stehn
Sprachlos und kalt, im Winde
Klirren die Fahnen

– das ist eine sprachlich meisterhafte winterliche Impression. Genau nach der ersten Hälfte seines Lebens ereignete sich der seelische Zusammenbruch des Dichters, durch den bisher „der Geist" auf so nie dagewesene Weise „geredet" hatte. Er musste also „beizeiten hinweg" – nicht aus dem physischen Leben überhaupt, das in seiner zweiten Hälfte ja noch siebenunddreißig Jahre dauern sollte, aber „hinweg" aus dem Leben in geistiger Helle und Schaffenskraft.

In seiner Hymne *Mnemosyne* hatte er die epochale Gefahr des Heraufkommens einer sinnentleerten Welt zur Sprache gebracht mit den Worten:

Ein Zeichen sind wir, deutungslos,
Schmerzlos sind wir und haben fast
Die Sprache in der Fremde verloren.

Ohne es wissen zu können, hatte Hölderlin damit auch über sein armes Dasein in der zweiten Hälfte seines Lebens geredet. Über alle Tragik in der Geschichte der Völker und Menschen hinweg hatte der Dichter aber einen großen Bogen der Hoffnung, des nie aufgekündigten Vertrauens gespannt. Zwar gibt es in seinem Werk viele düstere Worte wie die hier in Auswahl genannten aus dem Hexameter-Hymnus *Der Archipelagus:*

... es wandelt in Nacht, es wohnt wie im Orkus
Ohne Göttliches unser Geschlecht. Ans eigene Treiben
Sind sie geschmiedet allein, und sich in der tosenden Werkstatt
Höret jeglicher nur und viel arbeiten die Wilden
Mit gewaltigem Arm, rastlos, doch immer und immer
Unfruchtbar, wie die Furien, bleibt die Mühe der Armen.

Aber im selben Text redet dann die Hoffnung auf eine neue Harmonie:

Bis erwacht vom ängstigen Traum die Seele des Menschen
Aufgeht, jugendlich froh, und der Liebe segnender Odem
Wieder wie vormals oft, bei Hellas blühenden Kindern,
Wehet in neuer Zeit und über freierer Stirne
Uns der Geist der Natur, der fernherwandelnde, wieder
Stilleweilend der Gott in goldnen Wolken erscheinet.

Ähnliches sagt der Dichter in der Patmos-Hymne: *Nah ist und schwer zu fassen der Gott / Wo aber Gefahr ist, wächst das Rettende auch.*
Berührendes wird auch viele Male über Christus gesagt. So mit den folgenden Worten:

Wie Fürsten ist Herkules.
Gemeingeist ist Bacchus.
Christus aber ist das Ende.

Das Göttliche im Werk Hölderlins ist aber schließlich keiner konkreten Religion einfach zuzuordnen, wenngleich Bezüge zur Antike und zum Christentum reichlich gegeben sind.
Diese Offenheit ins Geheimnis kommt schließlich auch in Hölderlins Text aus der Hymne *Das Schicksal* zum Ausdruck, der auf dem Grab-

denkmal des Dichters in einem Friedhof in Tübingen zu lesen ist. Er lautet:

Im heiligsten der Stürme falle
Zusammen meine Kerkerwand,
Und herrlicher und freier walle
Mein Geist ins unbekannte Land!

GOETHE

Am Ende einfache Worte

Als Goethe am 22. März 1832 gegen Mittag in seinem Haus in Weimar starb, war er nicht einsam. Ein als solcher unbezweifelter Augenzeuge, der Oberbaudirektor Coudray, berichtet über diese Sterbestunde: „Ich stand ununterbrochen am Sessel zur Rechten des Kranken und lauschte ängstlich auf seinen Zustand." Dem Bericht dieses Mannes ist zu entnehmen, dass sich im Sterbezimmer auch Goethes Schwiegertochter Ottilie und die beiden Enkel Wolf und Walther befanden. In einem anderen Raum waren der Arzt Dr. Vogel, der sprichwörtlich bekannt gebliebene Sekretär Eckermann, der Hofrat Soret und der Kanzler von Müller versammelt. Der hilfreiche Kammerdiener Friedrich Krause wird von Coudray bei der Aufzählung der Anwesenden in unverdienter, aber damals wohl üblicher Unterschätzung seiner Person und seines Dienstes nicht erwähnt, wohl aber im weiteren Bericht als anwesend bezeugt.

Dass Goethes letzte Worte vor seinem Hinscheiden der Ruf „Mehr Licht!" gewesen seien, ist von vielen gerne geglaubt und weitergesagt worden. Ein solcher Ruf wäre ja ein schönes Siegel auf ein langes, alterssattes Leben gewesen, von dem vor allem durch Goethes Wort, aber auch durch sein Leben überhaupt viel Licht ausgegangen ist und weiterhin ausgeht. Es kann aber als bewiesen gelten, dass Goethe diese Worte so nicht gesagt hat. Zwei der Berichte über das Sterben Goethes stammen vom schon genannten Oberbaudirektor Coudray oder werden ihm zumindest zugeschrieben. In einem von ihnen heißt es, Goethe habe gesagt: „Macht doch den Fensterladen im Schlafgemach auf, damit mehr Licht hereinkomme!" In dieser Fassung verliert das Goethe zugeschriebene kurze „Licht"-Wort den Charakter der Erhabenheit. Im älteren Bericht Coudrays ist davon aber überhaupt nicht die Rede. Die schwärmerische Bettina von Arnim hat sich als Quelle ihrer Informa-

Eine attische Grabstele aus Paros, ca. 450 vor Christus

New York, Metropolitan Museum

Die Kunst der griechischen Antike hat im 5. vorchristlichen Jahrhundert auch berührende Monumente des Gedenkens an Verstorbene geschaffen. Die Reliefs attischer Grabstelen zeigen solche Tote vor ihrem Gang über die letzte Schwelle, wie sie von einem Angehörigen auf undramatische Weise Abschied nehmen, oder auch als Einzelfigur, begleitet von Symbolen der Vergänglichkeit.

tion auf den Kanzler von Müller berufen, als sie die nüchterne Nachricht von Goethes Wunsch nach Öffnung des Fensterladens zu Unrecht verklärte und schrieb: „Er starb den seligsten Tod ... Licht war seine letzte Forderung, eine halbe Stunde vor dem Ende befahl er: Die Fensterladen auf, damit mehr Licht hereindringe." In Kontrast zu einem so hohen Ton wird im ersten Bericht Coudrays angemerkt, Goethe habe den Diener Friedrich besorgt gefragt: „Du hast mir doch keinen Zucker in den Wein getan?" Dazu hat Dolf Sternberger in seiner kleinen Studie *Hauch, Laut und Einbildung. Über die verschiedenen Berichte von Goethes letzten Worten* 1962 angemerkt: „Damit ist freilich nicht viel anzufangen, weder metaphysisch noch psychologisch, und so ist das Wort auch von keiner Seite als ausdrücklich letztes festgehalten und ausgedeutet worden. Allenfalls mag man ein Zeugnis anhaltender Genussfreude darin finden, der Lust am unversüßten, am reinen Getränk."
Ein vielleicht wirklich letztes Wort Goethes wird, wie Sternberger mitteilt, unter Berufung auf eine andere Quelle überliefert: Goethe habe zu seiner Schwiegertochter Ottilie gesagt: „Komm, mein Töchterchen, setze dich ganz nahe und gib mir ein Pfötchen." Sternberger sagt dazu: „Es ist wie Rokoko-Nachklang, häuslich-gemütlich, und, wie die Sprache der Zärtlichkeit eh und je tut, das Menschlich-Leibliche in die Sphäre rührend-zierlichen Getiers hinüberspielend."
Goethes Sterben war jedenfalls undramatisch, während so viele andere Menschen in jeder Generation qualvoll sterben müssen, ohne dass ihre Namen einen Platz in Geschichtsbüchern oder auch nur in Zeitungen finden. Sie schaffen keine Literatur. Aber auch Goethes letzte Worte sind nicht Literatur. Er, der Meister des großen Wortes, hat sein Leben nicht mit einem großen Wort besiegelt, sondern mit Worten, die auch von so genannten „kleinen Leuten" gesagt werden.

Napoleon Bonaparte

Aufstieg und Fall

Napoleon Bonaparte, der spätere französische Kaiser, wurde am 15. August 1769 auf der Mittelmeerinsel Korsika geboren. Auf der im Atlantischen Ozean westlich vor Afrika gelegenen Insel St. Helena ging sein Leben am 5. Mai 1821 zu Ende. Feinde nannten ihn wegen seiner kleinen körperlichen Statur ironisch manchmal „den korsischen Zwerg". In den wenigen Jahrzehnten seines Wirkens als Soldat und Staatsmann entwickelte er aber eine historische Größe, die ihn im Urteil vieler in Nachbarschaft zu Cäsar und Alexander dem Großen versetzte. Napoleon selbst teilte diese Überzeugung, zog aber seiner Größe wenigstens im Blick auf Jesus Christus eine Grenze, indem er sagte: „Alexander der Große, Cäsar und ich, wir haben große Reiche gegründet durch Gewalt, und nach unserem Tod haben wir keine Freunde. Christus hat sein Reich auf Liebe gegründet, und auch heutzutage würden Millionen Menschen für ihn in den Tod gehen."

Nach dem Besuch französischer Militärschulen absolvierte der Sohn eines korsischen Advokaten eine steile militärische Karriere, die ihn zunächst zum mit sechsundzwanzig Jahren jüngsten General des republikanischen Frankreich werden ließ. Als solcher unterdrückte er 1795 in Paris einen Aufstand der Königstreuen gegen das regierende Direktorium. Als Oberbefehlshaber im italienischen Feldzug gegen Österreich war er siegreich, unterlag aber den Engländern unter Admiral Nelson in der Seeschlacht bei Abukir. 1799 stürzte er in Paris das Direktorium und avancierte auf Grund einer neuen Verfassung zum Ersten Konsul auf zehn Jahre und dann auf Lebenszeit. Nach einem Plebiszit krönte er sich am 2. Dezember 1804 in der Pariser Kathedrale Notre-Dame selbst zum erblichen Kaiser der Franzosen in Gegenwart von Papst Pius VII., der ihm vorher die liturgische Königssalbung erteilt hatte. In den vorausgehenden und folgenden Jahren führte er – meist siegreich – Kriege gegen Österreich, Preußen und Russland. Der englischen Flotte unter Nelson unterlag die französische Flotte aber in der Schlacht bei Trafalgar ein zweites Mal. Der Name eines Platzes im Herzen Londons erinnert daran noch heute.

Napoleon reformierte in Frankreich Justiz und Verwaltung auf eine bis heute prägende Weise und dehnte diese Reformen auch auf von ihm eroberte Länder aus. 1807 stand ganz Europa, ausgenommen England und Russland, unter französischer Herrschaft. Der Kaiser schuf neue Staaten und setzte dort nahe Verwandte als Monarchen ein.

Die durch die Französische Revolution in ihrer Struktur zerschlagene katholische Kirche Frankreichs erhielt 1801 auf Grund des von Napoleon mit Papst Pius VII. geschlossenen Konkordates wieder einen hilfreichen Rahmen für ihr Wirken, der bis zum Jahr 1905 gelten sollte. Da seine Ehe mit Josephine Beauharnais kinderlos geblieben war, vollzog er 1810 die Scheidung und verheiratete sich mit der österreichischen Kaisertochter Marie Louise, deren Land und Familie durch den Franzosen mehrfach bekriegt und besiegt worden waren. Der Sohn aus dieser Ehe erhielt von Napoleon den mit hohem, aber schon hohlem symbolischen Anspruch ausgestatteten Titel eines Königs von Rom.

Der Russlandfeldzug des Kaisers von 1812 endete mit einer völligen Niederlage und einer fluchtartigen Rückkehr nach Paris. In den folgenden Befreiungskriegen erhoben sich die unterworfenen Völker gegen Frankreich. Nach der dreitägigen Völkerschlacht von Leipzig wurden die französischen Truppen aus Deutschland vertrieben, und Paris wurde militärisch besetzt. Am 6. April 1814 dankte Napoleon ab und wurde auf die Insel Elba verbannt. Am 1. März 1815 landete er wieder in Frankreich. Seine remobilisierte Armee wurde aber bei Waterloo vernichtend geschlagen. Es folgten seine zweite Abdankung und die Verbannung auf die weit entfernte britische Insel St. Helena. Als er dort am 5. Mai 1821 starb, soll er zuletzt drei Worte gesagt haben. Sie lauteten: *France – Mon fils – Armée,* zu Deutsch „Frankreich – mein Sohn – Armee".

Sein wenige Wochen vorher aufgesetztes Testament beginnt mit den Worten: „Ich sterbe in der apostolischen und römisch-katholischen Kirche, in deren Schoß ich vor mehr als fünfzig Jahren geboren wurde. Ich wünsche, dass meine sterblichen Überreste an den Ufern der Seine ruhen, inmitten dieses französischen Volkes, das ich so sehr geliebt habe." Es folgen Worte der Zuneigung zur Gattin Maria Louise, zum Sohn, zur Mutter des Kaisers und zu deren Bruder, dem Kardinal Joseph Fesch, der als Erzbischof von Lyon kirchenpolitisch kein gefügiges Werkzeug seines kaiserlichen Neffen gewesen war. Später wurden dem Testament noch Bestimmungen über historisch ehrwürdige Objekte hinzugefügt: So betreffend den Degen, den Napoleon in der Schlacht bei Austerlitz getragen hatte, und die antike Kamée, die ihm der von Frankreich so gequälte Papst Pius VI. zum Geschenk gemacht hatte. Schließlich auch betreffend den blauen Mantel, der ihn bei Marengo gewärmt hatte.

Künstler seiner Epoche haben Napoleon oft als reitenden Kriegsherrn in großer Pose dargestellt. Der Philosoph Hegel nannte ihn den „Weltgeist zu Pferde". Und der sonst so spottsüchtige Dichter Heinrich Heine sagte – vielleicht angesichts der Hoheit ausstrahlenden Totenmaske des Kaisers: „Napoleon war nicht von dem Holz, woraus man die Könige macht – er war aus jenem Marmor, woraus man Götter macht."

Der Engländer Lord Byron aber hat in einer Ode an Napoleon, die von Arnold Schönberg ins Deutsche übertragen wurde, diese Verehrung des gestürzten Kaisers tief in Zweifel gezogen mit den Worten:

Ist das der Herr von tausend Reichen,
der alle Welt besät mit Leichen?
Und mag er's überleben?
Wie fiel der stolze Morgenstern!
Kein Geist noch fiel so tief, so fern!

Immanuel Kant

„Das Gefühl für Humanität"

Als der Philosoph Immanuel Kant achtzigjährig und durch Krankheit gezeichnet am 3. Februar 1804, wenige Tage vor seinem Tod, den Besuch eines Professors der Medizin empfing, der zugleich Rektor der Universität Königsberg war, erhob er sich mühsam von seinem Sitz, um dem Gast die angemessene Ehre zu erweisen. Der Arzt bat ihn, sich doch zu setzen. Er aber blieb mit großer Anstrengung dennoch stehen, bis sein Betreuer erklärt hatte, der Philosoph werde sich nur setzen, wenn sein Gast Platz genommen habe. Dankbar für diese Erklärung sagte Kant: „Ganz recht, das Gefühl für Humanität hat mich noch nicht verlassen."

Wie nicht wenige große Männer der Weltgeschichte war Kant von ungewöhnlich kleiner Statur. Sein Gesicht wurde bis ins Alter als besonders sympathisch empfunden. Vor allem zogen seine leuchtend blauen Augen andere in den Bann seiner Persönlichkeit. Seinem schwächlichen Körper legte er wohlbedachte Regeln auf und war wohl auch deshalb bis fast zuletzt eigentlich nie krank. In den mehr als vierzig Jahren seines Wirkens als akademischer Lehrer führte er ein streng geordnetes Leben. Nach sieben Stunden Schlaf begann das Tagewerk, das bis zum Mittag ausgefüllt war durch die Vorbereitung auf Vorlesungen, durch die Vorlesungen selbst und durch die schriftliche Fixierung von Gedanken für seine Bücher. Zur reichlichen Mittagsmahlzeit lud der Philosoph stets Gäste ein, mit denen er noch bis weit in den Nachmittag hinein eine ihn entspannende Konversation pflegte. Nach einer Zeit des Lesens begann pünktlich um halb vier ein Spaziergang von immer gleicher Dauer auf immer demselben Weg. Manche Königsberger pflegten danach ihre Uhren zu stellen. Heinrich Heine hat dazu ironisch angemerkt: „Wenn das Wetter trübe war oder die grauen Wolken einen Regen verkündigten, sah man seinen

Diener, den alten Lampe, ängstlich besorgt hinter ihm drein wandeln mit einem großen Regenschirm unter dem Arm, wie ein Bild der Vorsehung."

Die Bannmeile der Stadt Königsberg hat Kant nie verlassen. Musik und bildende Kunst blieben ihm fast völlig verschlossen, Sprache war ihm nur ein Mittel zum Ausdruck der Gedanken. „Was ... dem kleinen schwächlichen Mann in Königsberg, einem Provinzort des geistigen Deutschland, die Kraft gab, das größte und eindrucksvollste denkerische Werk eines deutschen Philosophen, wenn nicht der Philosophie überhaupt, zu erschaffen, wird immer das Geheimnis seiner Persönlichkeit bleiben", hat Uwe Schultz in seiner Rowohlt-Monographie über Kant angemerkt.

Das philosophische Werk Kants kulminiert in seinen kritischen Schriften, die nach 1770 entstanden sind und bezogen auf die herkömmliche Metaphysik Anlass dazu waren, ihn als einen „Alleszermalmer" zu bezeichnen. Metaphysik wird von ihm neu bestimmt als „Wissenschaft von den Grenzen menschlicher Vernunft". Er wollte ein Aufklärer sein und verstand Aufklärung als „Ausgang des Menschen aus seiner selbst verschuldeten Unmündigkeit", selbst verschuldet wegen des Unvermögens oder genauer: des bequemen Unwillens, sich seines Verstandes zu bedienen – dies nicht aus einem Mangel des Verstandes, sondern einem Mangel an Entschlossenheit und Mut.

Kants Beziehung zur Religion hat sich wie sein gesamtes Werk in Jahrzehnten entwickelt, um schließlich in seinem Buch *Die Religion innerhalb der Grenzen der bloßen Vernunft* ihre endgültige Gestalt zu finden. Die gemäßigt pietistische Frömmigkeit seiner Mutter war gewiss einflussreich. „Nie werde ich meine Mutter vergessen, denn sie pflanzte und nährte zuerst den Keim des Guten in mir", bekannte

er später. Ein Übermaß an religiöser Andacht im protestantischen Jugendkonvikt Fridericianum verursachte eine bleibende Abneigung gegen das Gebet. Auch zählte Kant nie zu den sonntäglichen Kirchengängern, während sein Bruder Johann Heinrich den Beruf eines Pfarrers erwählte. Der jüdische Religionsphilosoph Martin Buber hat in seinem 1952 edierten Buch *Gottesfinsternis* auch Kants Ringen um die Gottesfrage angesprochen. Es war ein Ringen um die Fragen „Was ist Gott?“ und „Ist ein Gott?“. Buber schreibt über diese Fragen Kants: „In immer neuen Anstrengungen müht er sich darum, webt immer wieder die Antwort und trennt das Gewobene immer wieder auf.“ Kant selbst sagte unter anderem: „Gott ist eine bloße Vernunftidee, aber von der größten inneren und äußeren praktischen Realität.“
Mystische Erfahrungen wurden dem Königsberger Philosophen jedenfalls nicht zuteil. Seine literarischen Attacken gegen den Visionär Swedenborg verraten eine sogar heftige Ablehnung dagegen. „Der bestirnte Himmel über mir und das moralische Gesetz in mir“ erfüllten ihn aber mit immer neuer und zunehmender Bewunderung und Ehrfurcht.
Am 12. Februar 1804 erstarrte Kants Gestalt. Sein Tod um 11 Uhr war – so schrieb ein ihm beistehender Freund – „ein Aufhören des Lebens und nicht ein gewaltsamer Akt der Natur“. Kants eingangs zitiertes „Gefühl für Humanität“ lässt daran denken, was Karl Jaspers würdigend über ihn gesagt hat: „Sein Ethos ist das Ethos gerade des Alltags und jeden Augenblicks ... Mit ihm können wir leben. Ihm möchten wir folgen.“

Die Karmelitinnen von Compiègne – Adel bis zum Tod

Zu den zahlreichen Opfern der Französischen Revolution zählen neben vielen anderen Ordensleuten sechzehn Klosterfrauen: Karmeliterinnen aus dem Kloster dieses Ordens in Compiègne bei Paris. Sie hatten in ihrem bescheidenen Haus nahe dem königlichen Schloss ein frommes, verborgenes Leben geführt, treu den strengen Regeln des Ordens und so in großem Kontrast zur verschwenderischen Pracht des königlichen Hofes nebenan. Einige Mitglieder dieses Hofes, darunter auch Mütter und Gemahlinnen der Könige, pflegten in mehreren Generationen wohl gerade deshalb enge Beziehungen zu diesem und zu anderen Karmelklöstern. Manche Töchter hoher Aristokraten wurden Nonnen und verkörperten in dieser Lebensform in reiner Gestalt jene edlen Wesenzüge, die dem Adel im Luxus der sturmreif gewordenen Gesellschaft Frankreichs weithin nicht mehr eigen waren. Die legitimen Wünsche nach einer Reform dieser Gesellschaft führten aber zu einer revolutionären Bewegung, die schließlich ein mörderisches Schreckensregiment etablierte, das Jahre dauern sollte. In den Strudel dieser Ereignisse wurden auch Inseln des Friedens wie die Klöster der Karmelitinnen einbezogen. Sie waren so etwas gewesen wie verschlossene Gärten. In ihrer Verborgenheit gediehen die Liebe zu Gott und die Liebe zu den Menschen außerhalb des Klosters, für die hier in stiller Stellvertretung gebetet und gesühnt wurde.
Am 14. September 1792, dem liturgischen Fest der Kreuzerhöhung, wurden die Nonnen aus dem Kloster von Compiègne vertrieben und lebten fast zwei Jahre lang verstreut in der Stadt. Weil sie sich aber trotz staatlichen Verbotes weiterhin geheim zu Gebet und Gottesdienst versammelten, wurden sie 1794 denunziert, verhaftet, in Paris unter quälenden Bedingungen eingekerkert und am 17. Juli zum Tod durch das Beil verurteilt. Sogleich nach der Gerichtsverhandlung wurden sie

zum Schafott geführt. Auf dem Weg dorthin sangen sie liturgische Hymnen in lateinischer Sprache. Die Volksmenge am Straßenrand habe dies mit ehrfürchtiger Stille begleitet, statt wie sonst üblich zu schreien und zu schmähen. Ein als Revolutionär verkleideter Priester mit Jakobinermütze gab ihnen, am Wegrand vor einer Kirche stehend, insgeheim die Absolution. Die Priorin, M. Theresia, bat den Henker um die Gunst, als Letzte zu sterben, damit sie ihre Schwestern bis zum letzten Augenblick aufrichten konnte. Dies wurde ihr gewährt. Hierauf stimmte sie den Hymnus an den Heiligen Geist an: *Veni Creator Spiritus*. Die jüngste Nonne starb zuerst. Eine hochbetagte und kranke Schwester brauchte die Hilfe der Henkersknechte, um die Stufen zu ersteigen. Sie sagte zu ihnen: „Meine Freunde, ich vergebe euch aus ganzem Herzen und hoffe, dass Gott mir vergibt." Es gab kein Geschrei, keinen Beifall, keinen Spott seitens der Zuschauer.

Die verstümmelten Leichen der Nonnen wurden in einer Sandgrube, einem Massengrab für mehr als tausend Opfer der Revolutionsjustiz, verscharrt. Einige der Richter des Revolutionstribunals wurden später selbst zum Tode verurteilt und somit zu Opfern der Revolution. Die Redensart „Die Revolution verschlingt ihre Kinder" wurde so einmal mehr bestätigt.

Am 27. Mai 1906, in einer Zeit erneuter großer Spannungen zwischen dem französischen Staat und der katholischen Kirche, nahm Papst Pius X. die sechzehn Karmelitinnen von Compiègne als Blutzeuginnen für den christlichen Glauben in das kirchliche Verzeichnis der Seligen auf.

Ludwig XVI.

Das Blut des Königs

Im Urteil der Nachwelt erscheint der französische König Ludwig XVI. zumeist lediglich als ein sehr schwacher Monarch. So auch in der 1985 herausgegebenen Biographie von Evelyne Lever. Im Klappentext der deutschen Ausgabe dieses Buches wird er zusammenfassend beschrieben als ein „König ohne Leidenschaft für seine Regierungspflichten, dessen persönliche Triebfedern schon in früher Kindheit zerstört worden waren, der Angst vor dem Hof und seiner festgeschriebenen Etikette empfand, der von seinem Gedankengut immer wieder in die Vergangenheit gezogen wird, der von seiner Gemahlin Marie Antoinette eingeschüchtert und von seinen Brüdern verunsichert wird, der unermüdlich jagt, um seine Frustrationen zu verdrängen ... Ohnmächtig schaut er dem Beginn der Revolution zu ... Bar jeder Selbstsicherheit lähmt er den Initiativgeist seiner fähigen Minister mit seiner krankhaften Unschlüssigkeit. Bar jeder Selbstsicherheit taktiert er voll Misstrauen gegenüber seinen engsten Ratgebern mit den Kräften der Revolution. Ständig steigt und fällt er in der Gunst des Volkes, das sein Ansehen zunehmend mit dem der ungeliebten, immer stärker dominierenden Königin Marie Antoinette verknüpft. Immer tiefer in die Widersprüche seines hinhaltenden Taktierens verstrickt, scheitert sein letztes Aufbegehren gegen die neue Zeit kläglich. Am 21. Jänner 1793 bleibt auch ihm nur noch der Gang zur Guillotine."
Ganz anders als Madame Lever über den letzten König des *Ancien Régime* urteilt, tut dies Vincent Cronin in seiner Doppelbiographie des Herrscherpaares. In der Zusammenfassung des Inhalts liest man: „Selten sind Gestalten der Weltgeschichte schon zu Lebzeiten so sehr der Bosheit und Verleumdung zum Opfer gefallen und später so verkannt worden ... Ludwig trat ein trauriges Erbe an, Frankreich war verarmt, das Beamtentum untätig, Inflation und soziale Unzufriedenheit

wuchsen. Adel und Geistlichkeit aber sperrten sich aus engstirnigem Egoismus gegen dringende Reformen. Das vom Gegensatz zwischen prunkvollem Absolutismus und dem revolutionären Gedankengut der Aufklärung geprägte Frankreich war kaum mehr zu regieren."

Cronin verweist auf den wiederholt bewiesenen persönlichen Mut des Königs, auf seine Sorge für Menschen in Not und auf den Versuch des Königspaares, inmitten einer moralisch korrupten Gesellschaft sein positives Gegenbeispiel zu leben. Menschliche Größe erwiesen König und Königin jedenfalls unbestreitbar in der schrecklichen letzten Phase ihres Lebens, als sie gequält und gedemütigt wurden, und bei ihrem Tod durch die Guillotine.

Als Ludwig XVI. im Dezember 1792 vor dem Nationalkonvent der neuen Republik erschienen war, der ihn in der Absicht beschuldigte, auf den Ruinen der Freiheit die Tyrannei neu zu errichten, und schließlich zum Tod verurteilte, schrieb der in Paris als Diplomat tätige Gouverneur Morris an den amerikanischen Präsidenten Jefferson: „Wer mit der Geschichte der Menschheit weniger vertraut ist als Sie, würde es seltsam finden, dass der mildeste Herrscher, der jemals auf den französischen Thron kam, der, eben weil er nicht die harten Methoden seiner Vorfahren übernehmen wollte, gestürzt wurde, dem niemand eine kriminelle oder grausame Tat zur Last legen kann, dass dieser Mann als einer der verachtetsten Tyrannen, die je die Annalen der menschlichen Natur entehrten, verfolgt werden sollte ... Doch genau dies ist der Fall."

Der Prozess gegen den König endete mit einem Todesurteil ohne Zustimmung zu einer Befragung des Volkes und ohne Aufschub der Vollstreckung. Robespierre und andere Hauptakteure dieses Prozesses verloren ihr Leben einige Zeit später ebenfalls auf dem Schafott, wohin sie den König geschafft hatten. Dies geschah im Namen der

von ihnen radikalisierten Revolution und bestätigte die sprichwörtliche Redensart „Die Revolution verschlingt ihre Kinder".
Am Abend vor seiner Hinrichtung konnte der König noch der Königin und den beiden Kindern begegnen, die ebenfalls im Pariser „Temple" in Haft waren. Ein aus England stammender Priester, der den Eid auf die Republik verweigert hatte, durfte ihm mit Zustimmung der Justiz dennoch die Sakramente spenden und ihn am nächsten Morgen zum Richtplatz begleiten. Dort öffnete der König selbst Kragen und Hemd, wollte aber die Fesselung seiner Hände nicht zulassen. Der Beichtvater bewegte ihn dazu, sich nicht dagegen zu wehren. Auf dem Gerüst angelangt, riss sich der König von den Henkern los, lief bis zum Geländer und rief der zuschauenden Menge mit lauter Stimme zu: „Volk, ich sterbe unschuldig! Ich vergebe den Verursachern meines Todes! Ich flehe zu Gott, dass mein Blut nicht auf Frankreich zurückfällt!" Dann ergriffen ihn die Henker neuerlich und banden ihn an das Brett unterhalb des Fallbeils. Dieses durchtrennte den Hals nicht schmerzlos, man hörte einen lauten Schrei. Der jüngste Gardist ging um das Schafott herum und zeigte der Menge mit abscheulichen Gesten das blutende Haupt des Königs. Dann kamen vereinzelte Rufe auf, und schließlich hörte man tausendfach den Ruf *Vive la République!* Im englischen Parlament bezeichnete William Pitt dies als die „ruchloseste und abscheulichste Tat, die die Weltgeschichte jemals zur Kenntnis nehmen musste". In Deutschland hatte Friedrich Schiller die Französische Revolution anfangs begrüßt und war 1792 sogar zum Ehrenbürger der *Grande Nation* ernannt worden. Nach dem Königsmord sagte der Dichter, es ekle ihn vor „diesen elenden Schinderknechten". Das Diplom der Ehrenbürgerschaft erreichte ihn erst Jahre später. Zu dieser Zeit waren auch die Revolutionäre, deren Unterschrift es trug, als Opfer der Revolution hingerichtet worden.

Mozart

„Lacrimosa dies illa“

Am 5. Dezember 1791 starb um ein Uhr nachts in Wien ein Mann, von dem Wolfgang Hildesheimer am Ende seines Buches über diesen Toten fast zweihundert Jahre später geschrieben hat, er sei vielleicht das größte Genie der bekannten Menschheitsgeschichte gewesen, „ein unverdientes Geschenk an die Menschheit, in dem die Natur ein einmaliges ... Kunstwerk hervorgebracht hat“. Die Rede ist hier von Wolfgang Amadeus Mozart, der knapp sechsunddreißig Jahre alt und – so Hildesheimer – verarmt und gebrochen seine Welt verließ, „die letztlich nur noch aus seiner Stadt bestand, dieser Stätte vergeblicher Bemühung“, der er „auf unbegreifliche Weise treu geblieben“ war, gebunden auch durch Schulden und von „minderrangigen Günstlingen überflügelt“.

Mozart war am 27. Januar 1756 als Sohn des Hofmusikers Leopold Mozart und dessen Frau Anna Maria in Salzburg geboren worden. Der aus Augsburg dorthin gezogene Vater stammte von schwäbisch-bayrischen Vorfahren ab. Die Mutter kam aus St. Gilgen am Wolfgangsee. Nur zwei der sieben Kinder haben die Mutter überlebt. „Vom Vater hat Wolfgang Amadée die Helle und Wachheit seines überschnell reagierenden Verstandes, von der Mutter die Frohnatur, die sich ... in Schabernack, Hanswursterei und ausgelassenem Komödiantentum äußern, wenn nicht gar verlieren konnte“, hat ein anderer Mozart-Biograph, Aloys Greither, angemerkt und dabei auf eine Ähnlichkeit mit den Eltern Goethes verwiesen. Dem Vater verdankte Mozart eine damals einzigartige Förderung seines musikalischen Talentes von der frühen Kindheit an und eine treue Begleitung bis zu dessen Tod. Leopold Mozart unternahm mit seinen musikalischen „Wunderkindern“ Wolfgang und „Nannerl“, aber auch mit Wolfgang allein zahlreiche Konzertreisen durch Europa. Man musizierte ebenso vor dem Wiener Kaiserhof wie vor aristokratischem Publikum in Deutschland und

Italien. Papst Clemens XIV. ernannte den erst vierzehnjährigen Wolfgang zum Ritter vom Goldenen Sporn. Es folgten neun Jahre als Konzertmeister im Dienst des Salzburger Fürsterzbischofs Colloredo, unterbrochen durch weitere Reisen, so mit der Mutter nach Paris, wo sie plötzlich verstarb. Nach dem dramatischen Bruch mit dem Erzbischof im Jahr 1781 war Wien der Wohnort Mozarts bis zu seinem Tod. Er verheiratete sich hier mit der musikalisch wenig begabten Constanze Weber, deren Schwester Aloysia, eine Sängerin von hohem Rang, Mozarts Liebe nicht erwidert hatte. Dennoch liebte er Constanze wohl mehr, als sie ihn geliebt hat. In Wien und von Wien aus reifte in den neun noch verbleibenden Jahren das große Werk des Komponisten, vor allem in Gestalt von Opern und Symphonien unter materiell oft bedrängenden Umständen. Das Ehepaar Mozart vermochte überdies nicht, mit Geld klug umzugehen. In diese Zeit fielen auch mehrere Reisen nach Prag, wo die Oper *Don Giovanni* erstmals aufgeführt wurde. Der große und viel ältere Joseph Haydn schrieb 1787 an einen Prager Musikmäzen: „Mich zürnt es, dass dieser einzige Mozart noch nicht bei einem kaiserlichen oder königlichen Hofe engagiert ist. Verzeihen Sie, wenn ich aus dem Geleise komme: ich habe den Mann zu lieb." 1788 entstanden die drei letzten Symphonien, darunter die Jupiter-Symphonie, und im Todesjahr so unterschiedliche Opern wie *La clemenza di Tito* und *Die Zauberflöte,* aber auch zwei Juwelen katholisch-geistlicher Musik, nämlich die Motette *Ave verum corpus* zum Fronleichnamsfest und das unvollendete *Requiem.* Im *Ave verum* kommt das Sterben zur Sprache in der abschließenden Bitte an Christus: *Esto nobis praegustatum in mortis examine.* In etwas freier Übersetzung bedeutet das: „Mögen wir dich in Brotgestalt vor der letzten Prüfung im Tod empfangen haben."

Gedanken an den Tod waren Mozart seit langem vertraut gewesen. Sein Bild habe für ihn seit Jahren nichts Erschreckendes, sondern viel Tröstliches an sich, schrieb er 1787 in einem Brief an den Vater, acht Wochen vor dessen Tod. Von der streng katholischen Lebensgestaltung Leopold Mozarts hatte sich Wolfgang Amadeus allmählich entfernt. Als Mitglied des Freimaurerordens, dem auch der Vater seinerzeit beigetreten war, wurde er stark von dessen aufklärerischer Frömmigkeit bestimmt. Dies kommt auch in der großartigen Maurerischen Trauermusik aus dem Jahr 1875 zum Ausdruck, der – so Aloys Greither – alles Bekennerhafte fehlt, in der sich aber das dunkle c-Moll in das beglückteste und doch stillste C-Dur löst. „Auch der Tod, den der Freimaurer erwartete, verklärt die Bestimmung des Menschen, aber die Engel singen nur im Ave verum", hat Greither angemerkt.

„Über dem Requiem ist er wahrscheinlich gestorben", schreibt Hildesheimer in seiner Mozart-Biographie. Mozart konnte den liturgischen Text der vielstrophigen Sequenz *Dies irae* nur bis zum *Lacrimosa dies illa* komponieren. Dies ist jene Textstelle, in der von den Tränen des sündigen Menschen angesichts des göttlichen Gerichtes die Rede ist. Vorher singt der Chor leise und inständig die an Christus gerichteten Worte *Salva me, fons pietatis.* Hildesheimer nennt dies eine „atemberaubende Passage". Etwa zehn Stunden vor dem nach Mitternacht eintretenden Tod Mozarts gab es, wie seine Schwägerin in einem Brief berichtet hat, eine Art Probe des unvollendeten Requiems am Krankenbett des Komponisten. Der Todkranke habe versucht, die Alt-Stimme mitzusummen, aber man kam beim Durchsingen der fertigen Teile nicht weit. Sophie Haibl schreibt: „Sein Letztes war noch, wie er mit dem Munde die Pauken in seinem Requiem ausdrücken wollte, das höre ich noch jetzt."

Der Rothko-Raum der Phillips Collection in Washington D. C.

Die drei in diesem Raum versammelten Bilder umfassen das Spektrum der Malerei von Mark Rothko in den letzten 20 Jahren seines Lebens, ausgespannt zwischen großer Leuchtkraft und geheimnisvollem Dunkel als Verweis auf den Tod.

MOZART

Der stolze Schrei des Don Giovanni

In den Reisetagebüchern von Albert Camus finden sich auch Eintragungen über Besuche in Salzburg. Der große Schriftsteller schreibt bezogen auf Mozart: „Salzburg wäre friedlich ohne Mozart. Aber dann und wann eilt über die Salzach der hochmütig stolze Schrei des Don Juan, der in die Hölle stürzt." Die Rede ist hier von Don Giovanni als Hauptgestalt der gleichnamigen Oper, die Mozart nach einem Libretto von Lorenzo Da Ponte im Jahr 1787 in Wien und Prag komponiert und in Prag uraufgeführt hat.

Don Giovanni wird in diesem Libretto als „ein sehr leichtfertiger junger Edelmann" aus Spanien, als Verführer fast unzähliger Frauen vorgestellt. Als „Don Juan" ist er darüber hinaus eine in der europäischen Literatur- und Musikgeschichte mehrmals erscheinende Gestalt. Unter anderen haben Molière und Goldoni die Don-Juan-Sage dramatisch gestaltet. Für Sören Kierkegaard war Don Juan das Paradigma der pur ästhetischen Existenz, beheimatet im Reich der Sinnlichkeit, wo allein „der Leidenschaft elementarische Stimme, der Lüste Saitenspiel, des Rausches wilder Lärm ertönen", wo man allein „in ewigem Taumel genießt". Ein solcher Mensch sei bestrebt, „fort und fort nur im Augenblick" zu leben. Er muss, um sich im ästhetischen Stadium seiner Existenz zu halten, „Wechselwirtschaft" betreiben. Aus der Langeweile, der man so zu entfliehen trachtet, fällt man schließlich in Verzweiflung. So Kierkegaard in seinem Buch *Entweder-Oder.*

Die Gestalt des Don Juan hat noch viele andere literarische Deutungen erfahren. Und schon vor Mozart haben Italiener und Franzosen den Stoff vertont. Mozart aber hat daraus eines der größten Meisterwerke der dramatischen Musik geschaffen. Als „komische Oper" angelegt, überschreitet es in einem Wechsel von burleskem Humor und tiefem Ernst die Grenzen dieser Operngattung. Fast jede Figur hat hier auch tragi-

sche Züge an sich, und dies wird – über das Libretto Da Pontes hinaus – durch Mozarts Musik in großartiger Dichte und Vielfalt offenbar.
Die tragischste Figur dieser Oper ist Don Giovanni selbst, der am Schluss von den Flammen der Hölle verschlungen wird und dabei jenen fürchterlichen Schrei ausstößt, von dem Camus in seinen Erinnerungen an Salzburg gesprochen hat. Don Giovanni ist nicht bloß ein flacher Genussmensch, nicht nur ein egoistisches Monstrum, wie er in weiten Partien der Oper erscheint. „Zu Unrecht wird man mich je der Feigheit bezichtigen", sagt er knapp vor seiner Höllenfahrt. Attila Csampai hält das Finale dieser Oper für die bedeutendste, tiefgründigste und gewaltigste Todesszene der gesamten Operngeschichte. Don Giovanni gewinne hier jene Größe zurück, „die ihm, als einzigem Mythos der Neuzeit, eigentlich zusteht". Die steinerne Statue des Komturs – des Vaters der Donna Anna, den er am Beginn der Oper in einem Zweikampf getötet hat –, ein Symbol des Todes, erweise sich am Ende „als einzig ebenbürtiger Widersacher des Degens, des ungebändigten Lebenstriebes, den Giovanni verkörpert". In der Oper Mozarts scheint ihm keines der im früheren Stil seines Lebens begonnenen Abenteuer mehr ganz zu gelingen. Sein Ende hat begonnen. Mit ihm stirbt eine alte aristokratische Welt.
Am Ende der Oper finden sich die sechs überlebenden Akteure nochmals zu einem musikalischen „Gruppenbild" zusammen, bevor sie getrennte Wege gehen, nachdem der tragische Held entschwunden ist, der sie auf sie quälende und zugleich faszinierende Weise zusammengehalten hat. Elvira geht in ein Kloster, um dort ihr Leben zu beschließen, und der Diener Leporello geht „ins Wirtshaus, einen besseren Herrn zu finden". Dies sei, sagt Attila Csampai, „die heitere Grimasse tiefster Trauer".

Georg Friedrich Händel

Auferstehung und Tod

Stefan Zweig hat eine von den zwölf historischen Miniaturen seines Buches *Sternstunden der Menschheit* der Betrachtung des Lebens von Georg Friedrich Händel gewidmet, bezogen auf die zweiundzwanzig Jahre von dessen gesundheitlichem Zusammenbruch am 13. April 1737 über seine „Auferstehung“, die gekrönt wurde durch die Uraufführung seines Hauptwerkes *Der Messias* am 13. April 1742, und sein Sterben, das am 13. April 1759 – einem Karfreitag – begann und am nächsten Tag zu Ende ging.

Ein Schlaganfall hatte den beleibten, cholerischen und von Gläubigern geplagten Komponisten in London buchstäblich von einem Sessel zu Boden geworfen. Eine Heilung schien ausgeschlossen zu sein, doch der Lebenswille Händels war nicht erloschen. Man brachte ihn zu den heißen Bädern nach Aachen. Neun Stunden verbrachte er täglich im heißen Bad, dreimal mehr, als die Ärzte erlauben wollten. Am letzten Tag des Aufenthaltes in Aachen kehrte er, der vorher nie sonderlich fromm gewesen war, in eine katholische Kirche ein, setzte sich an die Orgel und spielte vor einer Schar tief bewegter Nonnen so meisterlich, wie sie niemals vorher einen Menschen spielen gehört hatten.

„Aus dem Hades bin ich zurückgekehrt“, sagte Händel, wieder in London angekommen, zu seinem Arzt. Er begann zu komponieren, doch der Erfolg blieb aus. Erneute wirtschaftliche Schwierigkeiten brachten ihn an den Rand des Ruins, und daher erlahmte auch seine schöpferische Kraft.

Eines Tages traf aber ein Brief des Dichters Jennens ein, der den Text zu Händels Oratorien *Saul* und *Israel in Ägypten* geschrieben hatte. Jennens bot den Text eines Oratoriums mit dem Titel *The Messiah* zur Komposition an. Schon die ersten Worte *Comfort me* – „Sei getrost“ – klangen für Händel wie ein göttlicher Anruf in die Dunkelheit

seines Lebens hinein. Eine Flut von Inspiration überkam ihn, und er vollendete, Tag und Nacht schaffend, in drei Wochen sein größtes Werk, dem er schließlich noch ein glorioses Amen hinzufügte.
In Dublin wurde *Der Messias* fünf Jahre nach dem Zusammenbruch des Meisters erstmals aufgeführt. Stefan Zweig schreibt darüber: „Und als am Ende das ‚Amen' anhub, da brachen ihm unwissend die Lippen auf, und er sang mit in dem Chor, er sang, wie er nie gesungen in seinem Leben. Aber dann, kaum dass der Jubel der anderen tosend den Raum erfüllte, schlich er still seitab, um nicht den Menschen zu danken, die ihm danken wollten, sondern der Gnade, die ihm dies Werk gegeben."
Händel hatte dann noch siebzehn Jahre zu leben. Seine physische Kraft nahm ab. Schließlich erblindete er, aber sein musikalisches Schaffen minderte sich nicht. Acht Tage vor seinem Tod hörte er im Londoner Covent Garden zum letzten Mal seinen *Messias*. Er dirigierte das Werk selbst mit erloschenen Augen. Erschöpft in sein Haus zurückgekehrt, sagte er murmelnd, er wolle am Karfreitag sterben. In diesem Jahr fiel der Karfreitag auf den 13. April. Dies erinnerte Händel an seine Lähmung an diesem Tag vor zweiundzwanzig Jahren und an seine „Auferstehung" bei der Erstaufführung des „Messias" fünf Jahre später an eben diesem Tag. Am 13. April wollte er nun auch sterben in der Hoffnung auf eine endgültige Auferstehung ins ewige Leben. Am Karfreitag kehrte sich sein Leben tatsächlich zum Ende hin, und am nächsten Tag starb er, der das wohl großartigste österliche *Alleluja* der Musikliteratur geschaffen hatte.

Johann Sebastian Bach

„Vor deinen Thron tret ich hiermit"

Am Abend des 28. Juli 1750 starb in Leipzig der Hofkapellmeister und Kantor der St.-Thomas-Schule, Johann Sebastian Bach, in seinem sechsundsechzigsten Lebensjahr. Bis in das letzte seiner Jahre war er nie ernsthaft krank gewesen. Der vitale Mensch, dessen festliche Musik, so meinte der Schweizer Hagiograph Walter Nigg, „dort am frömmsten klingt, wo sie sich am weltlichsten gibt", war allerdings in seinem Sehvermögen beeinträchtigt, weil er in seiner Jugend ganze Nächte hindurch bei schwachem Licht Partituren und anderes studiert und abgeschrieben hatte. Die Leiden seines letzten Lebensjahres waren vielleicht durch einen Altersdiabetes verursacht und führten schließlich zur Erblindung. Es wird angenommen, dass Bach von Anfang April bis Mitte Juni 1750 völlig blind war. Einige Tage vor seinem Tod konnte er eines Morgens wieder sehen, erlitt aber am 20. Juli einen Schlaganfall und erkannte, dass sein Ende nahte. Er empfing den Besuch seines langjährigen Beichtvaters – die Beichte war damals bei lutherischen Christen noch weithin in Übung – und empfing das Abendmahl.
Nun kam ihm der Text eines erstmals im Jahr 1646 veröffentlichten Gebetsliedes in den Sinn, das zur Morgen-, Mittags- und Abendstunde gesungen werden konnte. Die erste und die letzte Strophe gingen dem kranken Leipziger Thomas-Kantor offenbar besonders zu Herzen. Sie lauten:

Vor deinen Thron tret ich hiermit
o Gott, und dich demütig bitt
wend dein gnädig Angesicht
von mir, dem armen Sünder, nicht.

Ein selig Ende mir bescher,
am jüngsten Tag erwecke mich,
Herr, dass ich dich schau ewiglich:
Amen, amen, erhöre mich.

Bach hatte in der letzten Zeit vor seinem Tod sein Lebenswerk mit der *Kunst der Fuge* bekrönt und wollte darin zeigen, welche Fülle von Fugen und Kanons aus einem einzigen Thema entwickelt werden kann. Er führte hier auch seinen eigenen Namen als B-A-C-H-(Gegen-)Thema ein. „Wer dies wagen konnte, hatte sich vollendet", sagte Josef Müller-Blattau in einem Text über den Lebensgang Bachs.
Noch auf dem Sterbebett veränderte der Meister die mit dem Choral *Wenn wir in höchsten Nöten sein* verbundene Fassung. Er diktierte einem seiner Freunde Verbesserungen dieser Fassung und bat ihn, dem Choral die neue Überschrift *Vor deinen Thron tret ich hiermit* zu geben. Diese Tatsache gibt ebenso Zeugnis von der tiefen Frömmigkeit des Thomas-Kantors wie von seinem lebenslangen Streben nach musikalischer Vollkommenheit und der Erwartung der bevorstehenden Begegnung mit dem richtenden und gnädigen Gott.
Der Familienmensch Bach hinterließ seine 48-jährige Frau Anna Magdalena und neun Kinder, davon fünf unversorgt. Drei Tage nach seinem Tod wurde er auf dem Friedhof südlich der Johanniskirche bestattet. Ein Grabstein wurde nicht gesetzt oder war jedenfalls Mitte des 19. Jahrhunderts nicht mehr vorhanden. Der wohl größte religiöse Komponist aller Zeiten war weithin vergessen, bis achtzig Jahre später seine von Felix Mendelssohn wieder bekannt gemachte *Matthäus-Passion* eine ehrfürchtig hörende Gemeinde erschütterte.
Musik, so hatte Bach etwa zwanzig Jahre vor seinem Tod gesagt, „solle zu Gottes Ehre und Recreation des Gemüts" dienen. Sonst sei sie „ein teuflisches Geplärr und Geleier".

THORNTON WILDER

Der Einsturz der Brücke von San Luis Rey

Unter den im zwanzigsten Jahrhundert entstandenen Büchern hat der Roman *Die Brücke von San Luis Rey* des Amerikaners Thornton Wilder einen herausragenden Rang. Er beginnt mit der protokollartigen Ansage:

> *Freitag, den 20. Juli 1714, um die Mittagsstunde, riss die schönste Brücke in ganz Peru und stürzte fünf Reisende hinunter in den Abgrund. Diese Brücke lag im Zuge der Straße von Lima nach Cuzco und wurde täglich von Hunderten von Menschen begangen. Die Inkas hatten sie vor mehr als einem Jahrhundert aus Weidenzweigen geflochten: eine bloße Leiter aus schmalen Latten mit Geländern aus getrockneten Ranken ... Pferde und Wagen und Sänften mussten viele hundert Fuß tiefer hinab und auf Flößen über den schmalen Wildstrom setzen, aber niemand, nicht einmal der Vizekönig, nicht einmal der Erzbischof von Lima, hatte je den Umweg mit dem Gepäck gemacht, statt über die berühmte Brücke von San Luis Rey zu gehen. Der heilige Ludwig von Frankreich selbst beschützte sie durch seinen Namen und durch das Lehmkirchlein drüben auf der anderen Seite.*

Mit sanfter Ironie schildert der Schriftsteller einige Beispiele für eine kurzzeitige moralische Erneuerung in der Stadt nach diesem Unglück: „Es begann ein großes Gewissenserforschen in der wunderschönen Stadt Lima. Zofen gaben Armbänder zurück, die sie ihren Herrinnen gestohlen hatten, und Geldverleiher hielten ihren Frauen erregte Reden zur Verteidigung des Wuchers.“ Da sich Katastrophen in Peru sehr häufig ereigneten, „war es so erstaunlich, dass das Reißen der Brücke von San Luis Rey den Peruanern besonders nahe ging; zu konsequentem Handeln über alle Betroffenheit hinaus entschloss sich aber nur der kleine Franziskaner Juniper – das bedeutet Bruder Wacholder –, der vor kurzem aus Norditalien als Missionar nach Peru gekommen war. In der frommen Absicht, der Theologie ihren Platz unter den exakten Wissenschaften zu geben, wollte er ergründen, ob eine göttliche Absicht statt eines bloßen Zufalls hinter dieser Katastrophe erkennbar sei, und fing an, die Lebensgeschichte der fünf Toten zu erforschen."

Dementsprechend hat Thornton Wilder seinen Roman als meisterliche Darstellung von Person und Geschichte dieser fünf Menschen gestaltet. Ein Kapitel gilt Doña Maria, Marquesa de Montemayor, und ihrer jungen Zofe, dem armen verwaisten Mädchen Pepita. Lebensinhalt der Marchesa ist die im Grunde selbstsüchtige und nicht erwiderte Liebe zu ihrer in Spanien verheiratet lebenden Tochter Clara. An diese Tochter schreibt sie viele Briefe von immer größerer literarischer Qualität und sucht unablässig nach dafür Berichtenswertem. Die Zofe Pepita wirkt neben der Marchesa wie eine verdorrende Blume und hat Heimweh nach dem Waisenhaus, dessen großartige Äbtissin, Madre Maria del Pilar, ihr und vielen anderen eine wahre Mutter gewesen und geblieben ist. Nachdem die Marchesa bei einem Aufenthalt in einer alten heiligen Stadt Perus oberhalb von Lima erstmals eine tiefere Einsicht in die eigenen Fehler und in die reine Seele der kleinen Pepita erlangt hat, reist sie mit guten Absichten, ein gewandeltes Leben zu beginnen, in Begleitung Pepitas in die Hauptstadt zurück. Beide stürzen mit der Brücke in den Abgrund.

Das gleiche Geschick trifft den jungen Esteban, der mit seinem Bruder Manuel einigermaßen glückliche Jahre im Waisenhaus der Äbtissin zugebracht hat. Manuel ist nach einer Verletzung bei der Arbeit qualvoll gestorben. Dies hat Esteban in eine bedrohliche Schwermut versetzt, aus der ihn der großartige Kapitän Alvarado herausreißen will, indem er ihn als Matrose für eine große Seereise anheuert. Vor der Brücke steigt Alvarado zum Wildstrom hinunter, um den Transport seiner Güter zu überwachen. Esteban aber geht über die Brücke und stürzt mit ihr in den Tod.

Der vierte Tote ist Onkel Pio, ein alter Schauspieler und väterlicher Freund der hoch begabten Schauspielerin Perichole, einer früheren Konkubine des Vizekönigs. Durch eine Erkrankung an Blattern hat sie alle Schönheit verloren und zieht sich mit ihrem an Epilepsie leidenden Sohn, dem Knaben Jaime – sein Vater ist der Vizekönig –, fast bettelarm in die Einsamkeit zurück. Onkel Pio bewegt sie, den Knaben freizugeben und ihm so eine vielleicht glücklichere Zukunft zu ermöglichen. Die berstende Brücke reißt beide mit sich.

Der Franziskanermönch Juniper fasst das Ergebnis seiner Nachforschungen in ein Buch und wird gemeinsam mit diesem auf dem großen Platz von Lima verbrannt. Wilder lässt ihn ohne Keulenschläge gegen die Kirche sterben: „Er rief zweimal zum heiligen Franziskus, und an eine Flamme gelehnt, lächelte er und starb."

Am Ende des Romans stehen Gedanken aus einem Selbstgespräch der Äbtissin, die nun zwei ihrer früheren Waisenkinder verloren hat und weiß, dass ihr Werk einer christlichen Sozialreform mit ihr sterben wird, da die zu seiner Weiterführung bestimmte Pepita tot ist: „Bald aber werden wir alle sterben ... wir selbst werden für eine kleine Weile geliebt und dann vergessen werden. Doch die Liebe wird genug gewesen sein; alle diese Regungen von Liebe kehren zurück zu der einen, die sie entstehen ließ."

Blaise Pascal

„In der Gesellschaft der Armen sterben“

Blaise Pascal starb am 19. August 1662 in Paris im Haus seiner Schwester Gilberte. Er war erst neununddreißig Jahre alt. Seine letzten Worte, die er vierundzwanzig Stunden vor seinem Tod aussprach, bevor er in Agonie verfiel, lauteten: „Möge Gott mich nie verlassen.“ Nach dem Urteil eines modernen Interpreten ist Pascal einer der größten Männer gewesen, die je gelebt haben, schrieb Dolf Sternberger 1962 in einem Essay über *Pascals Tod*. Andere haben Pascal als den „ersten modernen Menschen“ gewürdigt, „weil er den unlösbaren Konflikt zwischen Wissen und Glauben, zwischen Vernunft und Entscheidung, zwischen Einsicht und Gewohnheit zum Grundthema seines Philosophierens gemacht hat“. In der kurzen ihm zugemessenen Zeit war er als Mathematiker, Physiker, Erfinder, Philosoph und Theologe tätig. Als „mathematisches Wunderkind“ hatte er schon mit sechzehn Jahren seine berühmte Abhandlung über Kegelschnitte verfasst und hernach eine Rechenmaschine erfunden. Auch erfand er die Wahrscheinlichkeitsrechnung.

Wohl von Jugend an und sicher ab dem zwanzigsten Lebensjahr war dem genialen Franzosen eine quälende Krankheit auferlegt, die ihn bis zu seinem Tod nicht mehr verließ. Die Familie Pascals hatte nach einem Unfall des Vaters eine religiöse Vertiefung vollzogen. Seine Schwester Jacqueline wurde Zisterziensernonne im Kloster Port Royal, dem Zentrum des Jansenismus, einer rigorosen theologisch-spirituellen Bewegung, die bald in Konflikt mit dem Lehramt der Kirche geriet. Blaise Pascal selbst hatte in der Nacht des 23. November 1654 ein tiefes mystisches Erlebnis, das sein Leben fundamental veränderte. Mit tastenden Worten beschrieb er das von ihm Erlebte auf einem Zettel, den er in das Futter seines Rockes einnähte. Erst nach seinem Tod wurde dieses „Memorial“ bekannt. Sein Wirken war nun mehr und mehr religiös geprägt, obwohl er sich 1656 wieder der Naturwissenschaft zugewendet hatte.

Er begann nun auch mit der Abfassung einer „Apologie der christlichen Religion", die erst acht Jahre nach seinem Tod unter dem Titel *Pensées* veröffentlicht wurde. Sie ist ein Gefüge fragmentarischer Gedanken, die ihre Faszination für christlich Glaubende, aber auch für viele Nichtglaubende in Frankreich und weltweit seither nicht verloren haben. Pascal wusste, dass seine Zeitgenossen sich theologischen Autoritäten nicht mehr einfach beugten. Er wollte – so hat Iring Fetscher angemerkt – das Christentum durch Argumente der Vernunft gegen Skeptiker verteidigen und seine Nützlichkeit gegen die Stoiker begründen, die glaubten, ohne Religion auskommen zu können. Darüber liest man in den *Pensées:* „Nur ein Schilfrohr, das zerbrechlichste in der Welt, ist der Mensch, aber ein Schilfrohr, das denkt. Nicht ist es nötig, dass sich das All wappne, um ihn zu vernichten: ein Windhauch, ein Wassertropfen reichen hin, um ihn zu töten ... Unsere ganze Würde besteht also im Denken. An ihm müssen wir uns aufrichten und nicht am Raum und an der Zeit, die wir doch nie ausschöpfen werden. Bemühen wir uns also, richtig zu denken, das ist die Grundlage der Sittlichkeit!"

In den *Pensées* findet sich auch das bekannte „Argument der Wette". Hier wird beschrieben, wie ein entschieden glaubender Katholik einem noch nicht zum Glauben gekommenen Gesprächspartner nach vielen vorausgegangenen Gesprächen vorschlägt, er solle sich in den Status jener Menschen versetzen, die vor ihm zum Glauben gekommen seien, indem sie so handelten, als ob sie schon glaubten, indem sie Weihwasser nahmen, Messen lesen ließen usw. Das werde den Nochnichtglaubenden auf natürliche Weise zum Glauben bringen und einfältig machen. Damit ist keinerlei Ironie verbunden. Glaube und Leben Pascals waren ja von einem tiefen Ernst bestimmt. Seine Krankheit wurde für ihn so prägend, dass er erklärte, die Krankheit sei „der natürliche Zustand des Christen". Diese Radikalität trennte ihn von den meisten Christen seiner Zeit, versetzte ihn aber in mystische Gemeinschaft mit dem einsamen Jesus am Ölberg inmitten der schlafenden Jünger. Der Mensch war für ihn, da weder Tier noch Engel, ein denkendes Schilfrohr, dessen Leben gleicherweise durch Größe wie durch Elend bestimmt ist.

Ein Lexikon für katholische Theologie rühmt in dort gebotener Knappheit den genialen Menschen und radikalen Christen Pascal zusammenfassend mit folgenden Worten: „Er lebte in ständigem Konflikt zwischen Stolz und Demut, Neigung zur Wissenschaft und Ablehnung alles Wissens, Forschergeist und Liebe zu Gott. Im wachsenden Leiden seiner letzten fünfzehn Jahre wuchs er immer mehr in der Liebe ... Er ist nicht Theoretiker, sondern Zeuge. Sein schriftstellerischer Stil verbindet Klarheit und Präzision mit Poesie und führt zur Höhe der französischen Sprache."

Nicht dem „Gott der Philosophen", sondern dem „Gott Abrahams und Jesu Christi" galten die letzten Worte des sterbenden Philosophen und radikalen Christen Pascal, indem er bittend ausrief: „Möge Gott mich nie verlassen." Kurz vor seinem Tod sagte er zu seiner Schwester Gilberte: „Es bereitet mir Schmerzen und Unruhe, dass ich so guten Beistand habe, während unzähligen Armen, denen es viel schlechter geht als mir, die allernotwendigsten Dinge fehlen." Er wünschte, „in der Gesellschaft der Armen zu sterben" und daher in das Hospital der Unheilbaren überführt zu werden. Die Ärzte lehnten dies als zu gefährlich ab.

Richelieu

Der (Un)Dank des Königs

Am 2. Dezember 1642 besuchte König Ludwig XIII. seinen Premierminister, den Kardinal Armand-Jean Richelieu, der im siebenundfünfzigsten Lebensjahr im Sterben lag, in dessen Pariser Stadtpalais. Die Abschiedsworte Richelieus an den König, in Anwesenheit seiner Begleiter gesprochen, waren der Kern seines politischen Testamentes: „Indem ich mich Eurer Majestät empfehle, empfinde ich den Trost, das Königreich auf der höchsten Stufe des Ruhms und des Ansehens zu hinterlassen, die es jemals erreicht hat; all Ihre Feinde sind zerschlagen und erniedrigt."

Bevor der König den sterbenden Kardinal verließ, verabreichte er dem Erschöpften zwei Eidotter – eine Geste, die Wertschätzung ausdrücken sollte, aber doch wohl im Zeremoniell stecken blieb, denn das Verhältnis des Königs zu Richelieu, dem er und Frankreich so ungemein viel verdankten, war wechselhaft und kaum je herzlich gewesen. Als der König das Palais verließ, fiel es auf, dass er mit den indessen eingetroffenen hohen Aristokraten laut lachend Bilder betrachtete.

Nachdem Ludwig XIII. ihn verlassen hatte, ließ der Kardinal, so berichtet Carl J. Burckhardt in seiner großartigen Richelieu-Biographie, die Ärzte kommen und stellte die Frage: „Wie lange noch?" Auf die Antwort: „In vierundzwanzig Stunden werden Sie geheilt oder tot sein", dankte er mit den Worten: „Gut gesprochen." Um ein Uhr morgens empfing er nach der Beichte die Letzte Ölung. Am 3. Dezember erschien der König noch einmal am Sterbelager. Er verbrachte eine ganze Stunde allein mit Richelieu und schien diesmal, als er ihn verließ, mehr erschüttert als die Herren seines Gefolges. Am 4. Dezember sagte der Kardinal zu seiner Nichte, die ihm zuletzt am nächsten gestanden hatte: „Sie sind herzensgut; es wäre nicht gut, wenn Sie mich sterben sehen müssten; ich bitte Sie, ziehen Sie sich jetzt zurück." Sie entfernte sich, und der Pater Léon erteilte ihm nochmals die Absolution. Über das Ende schreibt Burckhardt: „Richelieus wächserne Hände beginnen nun in die Linnen zu greifen, plötzlich wird sein Blick starr, er seufzt, man hält ein brennendes Licht vor seine Lippen, es flackert nicht mehr."

So starb ein Mann, in dessen Leben die französische Staatsräson mehr und mehr und schließlich ganz den Dienst verdrängt hatte, den er als Mann der Kirche übernommen und zeitweise mit großem Eifer geleistet hatte. Sein älterer Bruder Alphonse war dazu bestimmt gewesen, Bischof der armen Diözese Luçon zu werden und mit deren Einkünften auch die Familie Richelieu zu unterstützen. Alphonse weigerte sich aber und trat in den strengen Kartäuserorden ein. An seine Stelle trat Armand Richelieu, der auf Drängen der französischen Krone schon im Alter von zweiundzwanzig Jahren auf Grund päpstlicher Dispens in Rom zum Bischof geweiht und mit siebenunddreißig Jahren zum Kardinal ernannt wurde.

Als bedeutendster französischer Kardinal und Premierminister der Neuzeit war der geniale Richelieu, der dennoch täglich „die Messe hörte" und das Breviergebet verrichtete, fast nur mehr Staatsmann und als solcher überragend groß. Von der Bergpredigt, von welcher viel später der Staatsmann Bismarck gesagt hat, man könne mit ihr (allein?) keinen Staat regieren, hatte er sich schließlich aber weit entfernt.

Michel de Montaigne

Stets vertraut mit dem Tod

Als der Philosoph Michel de Montaigne am 13. September 1592 im Alter von neunundfünfzig Jahren in seiner Heimatstadt Bordeaux starb, erhob der Priester in seinem Sterbezimmer eben die Hostie. Montaigne hatte nämlich entsprechend frommem Brauch nach einem Schlaganfall und in der Gewissheit, dass sein Tod nahe sei, darum gebeten, dass hier die Messe gelesen werde. Er wollte sich in diesem Augenblick im Bett aufrichten, fiel aber sterbend in die Kissen zurück. Undramatisch, wie er gelebt hatte, ist er auch gestorben und wollte als Philosoph anderen Menschen helfen, es ihm gleichzutun. „Er war kein Einsiedler, er hat gegessen und getrunken, ist gereist, hat Ämter gehabt, geheiratet, Kinder gezeugt, Freunde besessen, Bücher geschrieben, ja er hat sogar in seiner Sterbestunde die Messe lesen lassen. Nur dies alles ohne Leidenschaft. Immer so, dass man's jederzeit auch aufgeben kann", schreibt Dolf Sternberger in seinem Buch *Über den Tod*.

Montaigne hat die von ihm entwickelte „Kunst des Lebens" in seinem umfangreichen Werk *Essais* dargestellt. Unausdrücklich und im neunzehnten Kapitel des letzten Buches auch ausdrücklich und systematisch spricht er dabei auch vom Tod und von der Sterblichkeit. Im Übrigen handelt dieses Werk des großen Moralisten von einer Unzahl von Themen des menschlichen Lebens in seiner Größe wie in seiner Gewöhnlichkeit, ja Erbärmlichkeit: von Glück und Ehre, von Standhaftigkeit und Feigheit, von Mäßigkeit, Zerstreuung, Unterhaltungskunst, Freundschaft und Poesie. Durch all sein Philosophieren will er mit dem Tod so vertraut machen, dass dieser seinen Schrecken verliert. „Philosophieren heißt Sterben lernen" – das ist die zentrale Aussage der *Essais*. Der Verfasser gibt das Wort darin ausnahmsweise nicht sich selbst, sondern der Natur, „unserer Mutter Natur" als einer personifizierten Macht, der schließlich niemand widerstehen kann. Und die „Natur“ sagt dem Menschen:

> *Geht aus dieser Welt, so wie ihr in sie eingetreten seid ... ohne Leidenschaft und ohne Schrecken, ... er ist ein Teil von euch, der Tod, ... ihr flieht euch selbst, wenn ihr ihn flieht ... all euer Leben geht auf Kosten des Lebens ... die fortgesetzte Arbeit eures Lebens ist, den Tod zu erbauen ... Wenn ihr einen Tag gelebt habt, habt ihr alles gesehen, ein Tag ist wie alle Tage ... macht anderen Platz, wie andere auch euch Platz gemacht haben ... wann immer euer Leben endigt, ist es ganz ... der hat lange gelebt, der zu leben verstand ...*

Diese „Mutter Natur“ spricht kühl, ja milde, verschweigt aber gleichmütig drohend auch nicht, dass sie die letzte Macht hat: „Damit ihr euch in derjenigen Mäßigung einrichtet, die ich von euch verlange – nicht das Leben zu fliehen und nicht den Tod zu fliehen –, habe ich das eine wie das andere abgestimmt zwischen Süßigkeit und Bitterkeit.“

Der Moralist Montaigne empfiehlt angesichts der Unabweisbarkeit des Todes die Tugend: nicht aus Eifer, sondern weil sie Bequemlichkeit verschafft. Sie versetzt in eine maßvolle Mitte zwischen der Flucht vor dem Tod und der Sucht nach ihm. Sie lehrt leben ohne heroische Selbstüberwindung, aber auch ohne Angst und ohne Trost. „Wer die Menschen zu sterben lehrte, der lehrte sie zu leben“, sagt dieser Mann, der selbst die christlichen Sterbesakramente empfangen hat, aber vorchristlichen Philosophen und Weisheitslehrern wohl näher war als dem Christentum.

Ein größerer französischer Philosoph als Montaigne es war, nämlich der radikale Christ Blaise Pascal, hat die Schriften Montaignes geschätzt, auch wegen der skeptischen Deutlichkeit, mit welcher dieser „das gegenwärtige Elend des Menschen" erfahren und dargestellt hat. Mehr als sechzig Jahre nach dem Tod Montaignes hat Pascal in einem in Port Royal geführten Gespräch die ebenso klarste wie kürzeste Darstellung der Ansichten Montaignes gegeben, indem er sagte: „Die Richtschnur seines Handelns ist vor allem die Bequemlichkeit und die Ruhe." Dem folgte eine ebenso prägnante und profunde Kritik: „Er flieht den Schmerz und den Tod, ... aber ohne daraus zu schließen, dass sie wirkliche Übel sind." Der Gleichmut, die Gleichgültigkeit Montaignes, die „gewöhnliche Miene" gegenüber dem Tod ist in Wahrheit das Ungewöhnlichste von der Welt. Wie sollten wir den Tod nicht fürchten, den eigenen und den Tod der anderen, die wir lieben, da wir doch so vieles erhoffen – auch noch in dieser Welt. Solche Furcht ist nicht Feigheit. Sie sollte auf das „Opium" verzichten, das Montaigne zu ihrer Zähmung bereithält.

Johannes vom Kreuz

In dunkler Nacht

In dunkler Nacht, vom Feuer
der Liebe leidend, darin ich fast verschmachtet,
oh selig Abenteuer,
fort ging ich unbeachtet,
indes mein Haus in stillem Frieden lag umnachtet.

Diese fünfzeilige Reimstrophe – von Felix Braun aus dem Spanischen ins Deutsche übertragen – steht am Beginn des wohl bekanntesten geistlichen Gedichtes des Johannes vom Kreuz. Dieser spanische Mönch des Karmeliterordens, 1542 geboren, entstammte der verarmten adeligen Familie de Yepes und arbeitete nach dem frühen Tod des Vaters als Krankenpfleger. Im Alter von einundzwanzig Jahren trat er in den Orden ein und studierte im Kloster von Salamanca Philosophie und Theologie. Nach der Priesterweihe wollte er zu den strengeren Kartäusern übertreten. Die Begegnung mit der damals fünfzigjährigen Teresa von Avila im Sprechzimmer des Karmelitinnenklosters von Avila, wo Teresa Priorin war, bewog ihn aber dazu, diesen Wunsch aufzugeben und sich mit ihr der Reform des Karmelitenordens in seinem männlichen und weiblichen Zweig zu widmen. Diesem lebenswendenden Gespräch der beiden späteren Heiligen und Kirchenlehrer folgten viele weitere Begegnungen im selben Raum. Dort wurden beide – durch das Klausurgitter getrennt – eines Tages von der erschrockenen Nonne Beatrix von Jesus in mystischer Verzückung über dem Boden schwebend angetroffen. Dies sei geschehen, als Juan de la Cruz und Teresa von Avila in ein Gespräch über die göttliche Dreifaltigkeit vertieft waren.

Es wird überliefert, dass Juan klein von Gestalt, aber voll Adel in Ausdruck und Gebärde gewesen sei. Anders als Teresa war ihm die Gabe des Humors, des Lachens nicht gegeben. Eine harte Jugendzeit mag dazu beigetragen haben. Er war kein Führer, kein Organisator, kein mitreißender Prediger, wohl aber ein ungemein sensibler Beichtvater und Seelenführer. „Nach zwei Worten“, so wurde gesagt, „verstand er eine Seele.“ Die sich ihm Anvertrauenden wollte er nicht an sich binden, nicht beherrschen, sondern nur „bei der Hand führen“.

Juan de la Cruz ist auch einer der größten Dichter Spaniens. „Er ist“, sagte der in Cambridge wirkende Rechtsphilosoph Christoph Kletzer, „für die spanische Literatur beinahe das, was Dante für die italienische ist, die Krone der Dichtkunst, die frühe Blüte des Ideals.“ Während seines Studiums in Salamanca war er Schüler des Augustinermönches Luis de León, der als Theologe, Humanist und Dichter dem jungen Karmeliter wohl auch den Sinn für Dichtung erschloss. Die fünfzeilige Strophe im geistlichen Gesang von der dunklen Nacht – *La noche oscura* – verdankt sich dem Vorbild der Dichtung des Luis de León. Der Durchbruch Juans zu literarischer Größe erfolgte aber, so sagt der evangelische Hagiograph Walter Nigg, erst 1577 in der Klosterhaft in Toledo, wo er große leibliche und seelische Qualen erlitt. Er war infolge der Streitigkeiten über die Reform seines Ordens dorthin geraten. Nach neun Monaten gelang ihm die sorgsam vorbereitete Flucht. Wenn es um das Ziel der Erneuerung ging, wollte er nicht geduldig im Leiden verharren und gestattete sich keine Passivität. Es folgten Jahre, die geprägt waren von Aufgaben der Leitung und geistlichen Führung in seinem Orden und von der Arbeit an seinen spirituell-theologischen Hauptwerken, darunter *Der Aufstieg zum Berge Karmel* und *Die dunkle Nacht der Seele,* ein Kommentar zum gleichnamigen Gedicht. Neue Widerstände gegen die Reform führten zu seiner Enthebung von allen Ämtern und zur Verbannung. Juan ging in das abgelegene Kloster Ubeda. Obwohl dieses Haus der Reformbewegung angehörte, wurde der Heilige dort ungemein lieblos behandelt. Dies besonders durch den Prior, den er einst getadelt hatte. Er war nun sehr krank, sein Körper von Geschwüren bedeckt. So glich er dem leidenden Hiob im gleichnamigen Buch der Bibel. Man überließ ihn in seiner Zelle seinem Schicksal. Nur ein Laienbruder erwies ihm heimlich einige Wohltaten. Juan erduldete all das ohne Klage und hielt sich so an sein Wort: „Wo keine Liebe ist, da lege Liebe hin, und du wirst Liebe daraus ziehen."

In seinem Kommentar zum Gesang von der dunklen Nacht der Seele hatte Juan über Christus geschrieben: „Christus ist der Weg, und dieser Weg ist ein Sterben ... im Augenblick seines Todes war er auch der Seele nach vernichtet, ganz ohne Trost und Hilfe." Einst hatte der spanische Mönch gewünscht, nicht als Oberer zu sterben und dazu an einem Ort, an dem er unbekannt war. Dies erfüllte sich jetzt. Beim Herannahen des Todes sagte er: „Nun gehen wir ein in das Haus Gottes." Es war am 14. Dezember 1591, und der Sterbende war erst neunundvierzig Jahre alt. Seine Heiligsprechung erfolgte 1726, seine Erhebung zum Kirchenlehrer zweihundert Jahre später.

Teresa von Avila

„Nichts soll dich ängstigen“

Eine der erstaunlichsten Frauen, die Spanien nicht nur der katholischen Kirche, sondern der ganzen Menschheit geschenkt hat, ist die Nonne Teresa von Avila aus dem Karmelitinnenorden. Bis in die Gegenwart wirkt sie vor allem durch ihre geistlichen Schriften, von denen einige zur großen Weltliteratur zählen. Zu nennen sind hier besonders *Die Seelenburg (Castillo interior)* und *La vida,* eine auf Wunsch der Ordensoberen verfasste Art von Autobiographie und als solche eines der ersten Zeugnisse einer intensiven Selbstbetrachtung und Analyse des eigenen Ich, das Jahrhunderte später Edith Stein den Weg zum Eintritt in die katholische Kirche erschlossen hat.

Teresa – man nennt sie auch die Große Teresa oder Teresa von Spanien – wurde 1515 in Avila als Tochter eines jüdischen Vaters, der als Kind mit seiner Familie Christ geworden war, und einer Mutter aus einer altspanisch christlichen Familie geboren. Ihr Leben sollte 67 Jahre dauern: das Leben einer genialen Frau, in dem Kontemplation und Aktivität, mystische Verzückung und ein stark ausgeprägter Sinn für das praktisch Notwendige in einer spannungsreichen Synthese vereint waren. Ihre Schriften, darunter Tausende Briefe, lassen, so hat der Karmelit Juan Bosco de Jesus es ausgedrückt, spüren, „wie sie lacht oder leidet, wie sie zwischen Kochtöpfen steht und Bücher schreibt, wie sie Klöster gründet oder auf Landstraßen wandert, wie sie mit Menschen umgeht oder sich in Ekstase befindet“.

Zwanzigjährig trat sie in das Karmelitinnenkloster ihrer Heimatstadt ein, empfand aber das dortige, durchaus nicht sittenlose Leben nach einer tiefen mystischen Erfahrung vor einem Bild des schwer verwundeten Christus als zu flach. Dies führte zu einer vor allem von ihr und dem großen Johannes vom Kreuz getragenen Reformbewegung im Karmelitenorden, die viel Widerstand auslöste und beiden viel Leid

brachte. Schließlich wurde ihr aufgetragen, Reformklöster sowohl des weiblichen als auch des männlichen Ordenszweiges zu gründen. Unter riesigen Anstrengungen reiste sie durch Spanien, meist in einem ungefederten Zweiradkarren, der mit Tüchern verhängt war – eine Art Kloster auf Rädern –, oder auf einem Maultier. Immer wieder wurde Teresa von Krankheiten heimgesucht, die sie aber ungebeugt überstand. Die Gabe des Humors war ihr reichlich geschenkt. Wenn sie lachte, lachten die Schwestern mit. „Gott bewahre mich vor Heiligen mit verdrießlichen Mienen“, sagte sie. Dieser Humor war aber mit der Fähigkeit zu einem tiefen Ernst verbunden. Ihre Klöster verstand sie als Ort des Ringens und des stellvertretenden Gebetes im Kampf der Geister, der Europa damals in der Auseinandersetzung zwischen der protestantischen Reformation und der katholischen Gegenreformation in riesige Spannungen versetzte. Sie wollte die Christen ihrer Zeit aufwecken. Mit Christus sollten sie am Ölberg wachen und beten: „Soldaten Christi, schlaft nicht!“, rief sie ihnen zu.
In all dem wollte die spätere Kirchenlehrerin aber eine Lehrmeisterin der Gelassenheit sein. Darüber redet ein von ihr verfasster Text, der sie mit ihrem Brevierbuch stets begleitete:

Nichts soll dich ängstigen,
Nichts dich erschrecken.
Alles vergeht,
Gott bleibt derselbe,
Geduld erreicht alles.
Wer Gott besitzt,
Dem kann nichts fehlen.
Gott nur genügt.

Es gibt nur *ein* Porträt, das zu ihren Lebzeiten, und zwar in ihren älteren Jahren, entstanden ist. Im Auftrag des Provinzials von einem zum Malen unbegabten Mönch gefertigt, wurde es von Teresa in unverkrampfter Spontaneität mit folgenden Worten kritisiert: „Gott verzeihe Euch, Bruder Juan! Wie lange musste ich ausharren, und nun habt Ihr mich so hässlich und trübäugig gemalt!" In diesem Bild ist fast nichts von der mystischen Glut im Herzen und in den Augen Teresas zu spüren. Diese Glut blieb ihr aber bis in die Zeit ihres Sterbens erhalten. „Ich bin allmählich recht alt und müde geworden", schrieb sie im Sommer des Jahres 1582. Auf einer Reise erlitt sie einen Schwächeanfall, erreichte aber noch das Kloster Alba de Tormes. Auf die Frage, ob sie hier oder in Avila beigesetzt werden wolle, sagte sie: „Soll ich etwas zu eigen besitzen? Und wird man mir hier nicht ein wenig Erde geben?" Sie bezeugte noch, dass sie eine Tochter der Kirche sei und dass sie hoffe, durch die Verdienste Christi gerettet zu werden. Dann lag sie vierzehn Stunden lang schweigend und regungslos da. Plötzlich umfasste sie die Schwester Anna de San Bartolomeo, die neben dem Sterbebett stand, legte ihr Haupt auf die Arme der Schwester und tat ihren letzten Atemzug. Vierzig Jahre später wurde sie heilig gesprochen und dreihundert Jahre später verlieh ihr die Universität Salamanca das Ehrendoktorat. Gemeinsam mit dem Apostel Jakobus ist sie Patronin Spaniens, und im Jahr 1970 wurde sie als erste Frau zur Kirchenlehrerin proklamiert.

MICHELANGELO

„Die Liebe nur, die selbst den Tod nicht scheuend …"

In seiner *Kulturgeschichte der Neuzeit* schreibt Egon Friedell über Michelangelo: „Er ragt über seine Zeit hinaus wie ein scharfes Riesenriff oder ein unzugänglicher kolossaler Leuchtturm … Er passte nicht zu seiner Umwelt und seine Umwelt nicht zu ihm. Für jede Art von Geselligkeit und Gemeinschaft war er ungeeignet; in seiner äußeren Erscheinung klein und schwächlich, immer schlecht gekleidet; scheu, misstrauisch, wortkarg, stets mit sich und den anderen unzufrieden: ohne jede Genussfreude; von einem exklusiven Selbstgefühl, das zwar berechtigt, aber nicht einnehmend war: ein neunundachtzigjähriges Leben … ohne Freundschaft … dagegen bis an den Rand angefüllt mit Verzweiflung: ‚kein tödlich Leid blieb mir je unbekannt', hat er selbst von sich gedichtet."

Vielleicht wird dieses Urteil Friedells dem Giganten unter den Künstlern der Renaissance nicht in allem gerecht. Michelangelo selbst hat in seinen Gedichten jedenfalls das Tragische seines Lebens mehrfach zur Sprache gebracht. Sein Werk als Bildhauer beginnt mit einer fast zart anmutenden Holzskulptur, die Christus am Kreuz darstellt. Unter den späten Werken dominieren die Pietàskulpturen. Von diesen ist die unvollendete *Pietà Rondanini* im Castello Sforza in Mailand besonders bewegend: Die aufrecht stehende Mutter Christi hält den ebenfalls aufgerichteten toten Leib ihres Sohnes so, dass dem ersten raschen Blick verschlossen bleibt, wer hier wen trägt. Die Pietàbilder Michelangelos umspannen ihrer Entstehung nach eine Zeit von mehr als sechzig Jahren, beginnend mit der Pietà in der römischen Peterskirche, die er als junger Mann von sechsundzwanzig Jahren vollendet hat. Alle diese Todesbilder sprechen auf ihre Weise jenes Wort nach, das Jesus am Kreuz sterbend gesagt hat: „Es ist vollbracht."

Zehn Jahre vor seinem Tod hat Michelangelo in einem Brief vom

19. September 1554 an Giorgio Vasari im Vorblick auf das eigene Sterben die Liebe des gekreuzigten Christus beschworen, der ihm vom Kreuz die Arme entgegenbreitet:

Durch Sturm und Wellen bin ich angekommen
Im großen Hafen jetzt auf morschem Kahn,
Wo alle Rechenschaft zu geben nah'n
Von ihren Taten, bösen oder frommen.

Jetzt fühl ich's; wie geirrt, von Lieb entglommen,
Mein Geist, da er die Kunst in holdem Wahn
Zum Abgott machte, dem ich untertan,
Begehrt, was jeder wünscht, doch nicht zum Frommen.

Wo seid ihr Liebesträume jetzt, ihr schönen,
Da Tod, dem Leib gewiss, der Seele dräuend,
In doppelter Gestalt mir näher schreitet!

Nicht Malen und nicht Meißeln stillt mein Sehnen,
Die Liebe nur, die selbst den Tod nicht scheuend,
Vom Kreuz die Arme uns entgegenbreitet!

„Er selbst war sich über seine zeitlose Größe, seinen ungeheuren Abstand von allen anderen völlig klar", sagt Friedell über Michelangelo. Aber im Bedenken seines Todes und des Letzten Gerichtes, das er in der Sixtinischen Kapelle ins Bild gesetzt hat, machte sich der große Meister klein. Sein letztes Gedicht beginnt mit den Worten: „Hier am äußersten Rand des Lebensmeeres ..." Ein Testament hat er nicht aufgesetzt, sondern am Ende nur lapidar gesagt: „Ich vermache Gott meine Seele, der Erde meinen Leib, mein Eigentum den nächsten Verwandten."

Franz Xaver
Einsamer Tod an der Grenze

Am 3. Dezember 1552 starb im Alter von erst 46 Jahren auf der kleinen Insel Sancian gegenüber der für ihn verschlossenen chinesischen Hafenstadt Kanton der Jesuit Franz Xaver – mit seinem vollen spanischen Namen Francisco de Jassu y Javier genannt – einen einsamen Tod. Wie Ignatius von Loyola, der Gründer des Jesuitenordens, entstammte er einer adeligen Familie in Nordspanien. Als Neunzehnjähriger zog der mit reichen Gaben des Herzens und des Geistes ausgestattete Navarrese nach Paris zum Studium an der dortigen Universität. Dort geriet er in den Bannkreis des viel älteren Ignatius. 1534 verpflichtete er sich in einer Kapelle auf dem Pariser Montmartre mit den vier anderen Gefährten des Ignatius durch Gelübde zu einem Leben in Armut, Keuschheit, Gehorsam und zur Missionstätigkeit im Heiligen Land oder – wenn dies nicht möglich wäre – anderswo, wo immer der Papst dies wünschen würde.

Der ehemalige Offizier Ignatius nannte seine zunächst so winzige Gemeinschaft „das Fähnlein Jesu". Bald schon sollte sie Tausende von Mitgliedern zählen und ungemein viel zur Reform der Kirche beitragen. Die katholische Erneuerung, eine große Bewegung der katholischen Kirche als Antwort auf die Herausforderung durch die protestantische Reformation, begann, so schreibt Reinhold Schneider, „nicht als eine Handlung nach außen; es hat vielmehr den Anschein, als wollten die Verteidiger des alten Glaubens das Feld verlassen; sie gehen in das Innerste der Kirche und der Seele zurück, um aus ihnen nach Jahren der Versenkung mit neuer Kraft hervorzutreten". Dies galt auch für die künftigen Jesuiten. Noch war der Gruppe der sechs Männer der Wille Gottes über ihren konkreten weiteren Weg nicht offenbar. Es folgten Wanderjahre durch Frankreich, Lothringen und Tirol nach Venedig und Rom. „Warum verlangt ihr so sehr nach

Jerusalem zu fahren? Italien ist ein gutes und wahres Jerusalem", sagte Papst Paul III. den Brüdern, und Christus sagte dem Ignatius in einer Vision: „In Rom werde ich euch Gnade erweisen."

Für Franz Xaver sollte aber nicht Italien, sondern Asien sein „Jerusalem" werden. Der König von Portugal bat Ignatius um Missionare für sein labiles Reich in Ostindien, und der Meister entsandte den ihm vielleicht nächsten seiner Gefährten. Es war ein Abschied ohne Wiederkehr. Francisco sah – wie wieder Reinhold Schneider sagte – „in dem Kolonialreich ein unermessliches Reich der Seelen, das nun erst, Schritt für Schritt, mit beispielloser Anstrengung gewonnen werden musste".

Unsägliche Mühen warteten auf den spanischen Padre auf der Seereise von Lissabon entlang der Küste Afrikas nach Goa und auf den weiteren Reisen über die Molukken und Japan zur chinesischen Küste, wo sein Leben enden würde. Erfolglosigkeit, „Streit mit gewinnsüchtigen Christen, mit heidnischen Priesterschaften, dämonischen Mächten und den Elementen" wechselten ab mit einer solchen Fülle von mystischem Trost, dass er oft glaubte, diese Gnade nicht mehr ertragen zu können. Es war die Zeit der großen Mystik, in welcher daheim in spanischen Klöstern einsame Beter und Beterinnen „Schmerzen litten unter der Überfülle des Lichtes".

Francisco liebte die armen Menschen, denen er begegnete, zumal auf den Molukken, wo seine Saat reichlich aufgegangen war. Er versuchte – oft vergeblich – ihre Sprache zu lernen. Als am schwierigsten erwies sich die Mission in Japan. Die Sprachbarriere konnte er nicht überwinden, er wurde verspottet und am Kaiserhof, obwohl Gesandter des Königs von Portugal, nicht empfangen. In Yamaguchi entstand dennoch eine blühende Christengemeinde.

Das riesige chinesische Reich aber war ihm noch verschlossen. Er „ahnte, dass der entscheidende Sieg des Kreuzes in diesem Lande gewonnen werden müsse". Trotz des Wissens, dass dort Eindringenden schwerste Strafen drohten, wollte er dieses Reich betreten; auch wenn er zum Martyrer werden sollte. Ein chinesischer Kaufmann, der ihn um einen beträchtlichen Lohn auf das Festland bringen sollte, vertröstete den Padre immer wieder. Ein zweiter Jesuit, der am Sinn dieses Vorhabens zweifelte und verzweifelte, wurde durch Francisco von seinen Gelübden entbunden und kehrte nach Europa zurück.
Einsam und ohne sein Ziel erreicht zu haben, starb der heilige Mann an einer fiebrigen Erkrankung mit dem Blick auf die Küste des chinesischen Reiches. Er glich einem Weizenkorn, das sterben muss, um fruchtbar zu werden. Einige Jahrzehnte später öffnete sich China für das Christentum und auch für den Jesuitenorden, der dort eine reiche Tätigkeit entfalten konnte. Ordensmitglieder wie Pater Johann Adam Schall aus Köln wurden sogar Astronomen am Kaiserhof in Peking.

Juan Ciudad

Kniend sterben

Der Mann, dessen Leben und Sterben hier kurz beleuchtet werden soll, ist besser bekannt unter dem Namen Johannes von Gott. Er ist der Gründer des Ordens der Barmherzigen Brüder, die auch heute in vielen Ländern segensreich tätig sind und gemeinsam mit vielen Frauen und Männern, die diesem Orden nicht angehören, in dessen Einrichtungen täglich an die 40.000 Menschen, vor allem Kranke, betreuen.

Juan Ciudad war Portugiese. Geboren am 8. März 1495 in einem Dorf in der Nähe von Lissabon als Sohn eines Gemüsehändlers, verließ er bald das Elternhaus, war Viehhirte auf einem spanischen Rittergut und erhielt vielleicht schon damals den für Findelkinder üblichen Beinamen *de Dios* („von Gott"). Im Jahr 1532 diente er als Landsknecht im Heer Kaiser Karls V. und kam im Feldzug gegen die Türken bis nach Wien. Es folgten Wanderjahre, die ihn durch Spanien und bis nach Ceuta in Nordafrika führten, wo er beim Festungsbau arbeitete. 1538 wieder in Gibraltar und als fahrender Buchhändler tätig, begann er einen Weg nach innen durch religiöse Vertiefung und übersiedelte schließlich nach Granada.

Die damals große und auch nach der kriegerischen Beendigung der islamischen Herrschaft noch maurisch-islamisch geprägte Stadt Granada wird nun der Lebensraum des Juan Ciudad bis zu seinem Tod. Er bekehrt sich unter dem Eindruck der faszinierenden Predigten des Wanderapostels Johannes von Avila zu einem Leben der radikalen Nachfolge Christi, verschenkt seine Habe, wird als vermeintlich Irrsinniger in das königliche Hospital gebracht und erlebt dort die Not der Kranken, besonders auch der Geisteskranken. Nach einer Wallfahrt, die ihn zur Klärung seiner Berufung nach Guadeloupe geführt hat, beginnt er unter materiell ärmlichsten Bedingungen verlassene

Kranke zu pflegen und geht mit ihnen auf eine neue, kreative Weise um. Der Leitspruch seines Ordens, der Barmherzigen Brüder, lautet bis heute: „Die Kranken sind unsere Herren." Sie folgen dabei ihrem Gründer, stets aufgeschlossen für neue Errungenschaften der Medizin, die aber mit einem ganzheitlichen Blick auf den Patienten verbunden sind.

Juan muss betteln, um sein Werk am Leben zu erhalten. Mit dem Ruf „Tut Gutes, Brüder!" geht er um Brot, Speisereste und Geld bittend durch die Straßen der Stadt. Dieser Ruf ist in Italien zum Namen seines Ordens geworden. Man nennt dort die Barmherzigen Brüder *Fate bene Fratelli* – also „Tut Gutes – Brüder". Das Werk des Juan wächst allmählich. Man hört auf, ihn als Narren anzusehen und zu verlachen. Der bischöfliche Vorsitzende der königlichen Kanzlei in Granada überreicht ihm ein Kleid und gibt ihm – so sagt eine Überlieferung – offiziell den Beinamen „von Gott". Juan lebt nun bis kurz vor seinem Tod inmitten der Armen und Kleinen, darunter erkrankte Prostituierte und bekehrte Zuhälter. Er versöhnt den Rächer eines Ermordeten mit dem Mörder und gewinnt beide als Helfer. Ein zweites Hospital wird gegründet. Bei der Bevölkerung gilt er nun endgültig als verehrter und geliebter „Vater der Armen und Kranken". Vergeblich versucht er, ein Kind vor dem Ertrinken im eiskalten Fluss, der die Stadt durchzieht, zu retten, und erkältet sich schwer. Diese Krankheit führt zum Tod. Eine reiche Familie bewirkt gegen seinen Widerstand, dass er nicht auf einer Elendspritsche im Spital inmitten wohlmeinender, aber für die Pflege nicht geeigneter Kranker liegen bleibt. Er ist im Zimmer allein, als er am 8. März 1550 im Haus dieser Familie vor dem Bett kniend stirbt. Als man ihn findet, glaubt man zuerst nicht, dass er tot sei, weil er im Knien erstarrt ist. Diese Haltung ist der leibliche Ausdruck seiner Spiritualität und seiner Lebenspraxis seit seiner Bekehrung. Er hat sich in liebender Freiheit klein gemacht vor Gott und vor den Menschen, vor allem vor den Armen und Kleinen. Sein Begräbnis wird zur größten religiösen Feier in Granada seit Menschengedenken. Um ihn trauern besonders auch die Moriscos, die arabisch sprechende, christianisierte arabische Restbevölkerung, die nach dem Sieg über die Mauren in der Stadt geblieben ist. Achtzig Jahre später wird sein Name von der Kirche in das Verzeichnis der Seligen und nach weiteren sechzig Jahren in das Verzeichnis der Heiligen eingeschrieben.

Erasmus von Rotterdam

Heimkehr in die Kindheit

Der Schriftsteller Stefan Zweig war dem großen Humanisten Erasmus von Rotterdam und seinem Denken besonders verbunden. Auch durch die Tragik des eigenen Lebens – er schied 1942 als heimatloser Jude im brasilianischen Exil freiwillig aus dem Leben – war Stefan Zweig dem Erasmus verwandt. Sein Buch *Triumph und Tragik des Erasmus von Rotterdam* zählt in seinem umfangreichen Werk zu den am meisten gelesenen Schriften.

Erasmus, 1466 in Rotterdam als uneheliches und ungeliebtes Kind geboren, wurde früh kirchlichen Bildungseinrichtungen anvertraut und verstand es, die damit gegebenen Chancen zum Erwerb umfassender Bildung zu nützen. Der Eintritt in ein Kloster und die Priesterweihe waren nicht lebensprägend, denn Erasmus entzog sich beiden Lebensformen, ohne sie je formell aufzugeben, zugunsten eines nach allen Seiten hin unabhängigen Lebens als Gelehrter in den Wissensbereichen von Philologie, Theologie und Pädagogik, als Literat von hohen Graden und in all dem als ein Humanist, der jede Art von Fanatismus zutiefst verabscheute. Er war schließlich einer der gebildetsten Menschen seiner Zeit und wurde als solcher sehr einflussreich. Sein unvergleichbar ausgedehnter Briefwechsel vermehrte und befestigte unablässig diesen Einfluss. Seine Bücher *Lob der Torheit* und *Handbuch des christlichen Streiters* und seine textkritische Übersetzung der Bibel ins Lateinische erreichten eine enorme Wirkung und wurden auch Wegbereiter für die protestantische Reformation. Mit den künftigen Reformatoren teilte er die Kritik an vielen Verfallserscheinungen in der Kirche. Ihren Weg zu Spaltung und Konfessionskriegen wollte er aber nicht mitgehen und setzte sich so besonders dem Zorn Luthers aus, der – darüber enttäuscht – Erasmus mit „mörderischem" Hass verfolgt und auf beispiellose Weise beschimpft hat.

PIETA

Michelangelo

Pietà Rondanini, 1555–1564

Castello Sforzesco, Mailand

Die bis 1952 im römischen Palazzo Rondanini und jetzt in Mailand befindliche Pietà Rondanini ist das letzte Werk von Michelangelo. Er hat in den Jahren von 1555 bis 1564 und auch noch einige Tage vor seinem Tod an diesem großartigen Torso gearbeitet. Während die schon 1501 vollendete Marmor-Pietà in St. Peter in Rom das klassische Schönheitsideal zu vollendetem Ausdruck bringt, ist die letzte Pietà-Skulptur des genialen Meisters ein Werk von archaisch anmutender Strenge und Wucht. Maria hält stehend den hochgezogenen Leichnam Jesu in ihren Armen und beugt sich zugleich so über ihn, dass der tote Sohn die schmerzhafte Mutter zu tragen scheint. Das Leiden des Sohnes und das Leiden der Mutter verschmelzen miteinander.

Der Humanist Erasmus, der nicht den Namen seiner Mutter, sondern den seiner holländischen Geburtsstadt Rotterdam trug, führte ein Wanderleben, das ihn auch nach England zu Thomas Morus brachte, in dessen Haus er innerhalb einer Woche und ohne Hilfe von Büchern das *Lob der Torheit* verfasste. Stationen eines längeren Aufenthaltes waren die Städte Löwen, Basel und Freiburg. Am längsten, nämlich acht Jahre, verweilte er in Basel. Diese Stadt, wo noch heute sein Haus steht und wo einige seiner von Holbein meisterlich gemalten Porträts bewahrt werden, wurde – so schrieb Stefan Zweig – „der große Ruhepunkt seines Lebens". Hier druckte der berühmte Froben seine Bücher, hier sammelten sich Schüler und hierher pilgerten Fürsten und Gelehrte, um dem Erasmus ihre Aufwartung zu machen. Hier sollte er auch sterben, obwohl er – nach langer Abwesenheit hier wieder eingekehrt – weiterziehen wollte nach Brabant in Holland, von wo er ausgegangen war.
Albrecht Dürer hat in seinem bekannten Kupferstich *Der heilige Hieronymus im Gehäus* die Stille einer Studierstube ins Bild gesetzt, die auch dem Erasmus durch Jahre gegönnt war. Gerade weil aber die von hier ausgehende Weisheit ihn europaweit bekannt gemacht hatte, wurde er schließlich in den großen Streit hineingezogen, der die Kirche und Europa zerriss in einem Vorgang, der nur Reform sein sollte und doch zu einer später blutig gewordenen Revolution geriet. Beide Parteien – der Papst und die Reformatoren – warben um die Unterstützung des Erasmus. Er entzog sich aber jeder Parteinahme. Auf dem Reichstag von Worms hätte er den Aufstieg Luthers verhindern können und tat es nicht. Der Feigheit bezichtigt, verteidigte Erasmus mit großer Eloquenz sein humanistisches Ideal von Frieden durch Argumentation und Aufklärung statt Polemik und Hass. Diese Neutra-

lität stellte ihn freilich ins Abseits, ließ ihn zwischen zwei Stühle geraten. Sehnsucht nach dem Tod überkam ihn: „Dass Gott mich doch endlich zu sich nehmen wollte aus dieser rasenden Welt!" Seinem von jeher schwachen Leib hatte er stets die Kraft zu rastlosem Denken und Schreiben abgerungen. Als er nun siebzigjährig in Basel krank lag, schrieb er im Bett immer noch. Seine Sprache war seit Jahrzehnten das eleganteste Humanistenlatein. Bis zuletzt sprach er so mit Freunden, die sein Sterbelager umstanden. Dann befiel ihn Atemnot, und er stammelte mit erstarrenden Lippen die Worte *Lieve God* („Lieber Gott"). So kehrte er in die Sprache seiner Kindheit zurück, bevor ihn jener Friede überkam, den er für die Menschheit seiner Zeit vergeblich ersehnt hatte.

Anne Boleyn

Die letzte Krone

Am 19. Mai 1536 wurde Anne Boleyn, die zweite der sechs Frauen, mit denen König Heinrich VIII. nacheinander verheiratet war, im Londoner Tower auf Grund eines Todesurteils wegen eines wohl zu Unrecht behaupteten Ehebruches mit dem Richtschwert getötet. In seinem Buch über Heinrich VIII. schrieb Uwe Baumann: „Anne, die ungewöhnliche Königin, die nicht nur in ihrer Liebe zu Heinrich die Konventionen ihrer Zeit hinter sich ließ, die intelligent und tatkräftig ihren Einfluss in der Politik zur Geltung brachte, ging gefasst und ruhig in den Tod." Eustace Chapuys, Botschafter des deutschen Kaisers Karl V. am englischen Königshof und seit jeher Feind der nun ums Leben gebrachten Königin, berichtete voll Respekt: „Gestern hat Anne gebeichtet und kommuniziert, da sie glaubte, hingerichtet zu werden, und niemals hat jemand besseren Willen gezeigt, in den Tod zu gehen, als sie, und sie bat jene darum, die dazu den Auftrag haben sollten. Und als der Befehl gekommen war, die Hinrichtung bis heute zu verschieben, zeigte sie sich darüber sehr betrübt und bat den Hauptmann des Towers, dass er um der Ehre Gottes willen den König bitten möge, sie sofort wegzuschaffen, da sie jetzt in gutem Stande und Willens sei, den Tod zu empfangen." Es wird auch berichtet, sie hätte kurz vor ihrem Tod „auf die Verdammung ihrer Seele hin" einer ihr treu gebliebenen Hofdame versichert, dem König nicht untreu gewesen zu sein.

Der wahre Grund für die Vernichtung der Anne Boleyn war wohl darin gelegen, dass sie keinen männlichen Thronerben geboren hatte. Die Enttäuschung des Königs darüber einerseits und mörderische Intrigen eines Teils des englischen Adels und besonders des skrupellosen Thomas Cromwell andererseits führten zu einem Todesurteil durch ein manipuliertes Tribunal, das sich besonders auch auf Zeugenaussagen stützte, die durch schlimmste Folter erpresst worden waren.

Der König vergnügte sich in diesen Wochen Abend für Abend auf Banketten und Gesellschaften mit der zur nächsten Königin bestimmten Jane Seymour. Von der Schuld Annes war er anscheinend überzeugt, oder er wollte es sein. Da der Papst Heinrichs erste Ehe mit der spanischen Königstochter Katharina von Aragon im Rahmen des Kirchenrechts nicht für ungültig erklären konnte, hatte der König sich und sein Reich im Jahr 1531 von der Gemeinschaft mit Rom losgesagt und sich zum Oberhaupt der englischen Kirche proklamiert, die man heute die anglikanische nennt. Viele der edelsten Christen Englands wurden 1535 zum Tod verurteilt und hingerichtet, weil sie nicht bereit waren, die Trennung von Rom mitzuvollziehen. Unter ihnen waren der Lordkanzler Thomas Morus und Kardinal John Fisher, der Bischof von Rochester. Sie wurden vor dem Tower in Anwesenheit einer großen Volksmenge enthauptet. Dieses Schauspiel sollte Angst verbreiten und weiteren Widerstand brechen. Auch vier Londoner Kartäusermönche, die zur geistlichen Elite Englands zählten, wurden wegen Verweigerung des Eides auf den König als neues Oberhaupt der Kirche unsäglich grausam gefoltert und langsam hingerichtet.

Anne Boleyn war eine der Hauptursachen dieser Martyrien gewesen und musste ihr Leben seltsamerweise auf dieselbe Weise und am selben Ort, dem Tower, beschließen, allerdings nicht vor dieser Festung, sondern im Beisein nur weniger Menschen in einem Hof dieses furchtbaren Gefängnisses. Sie habe, so wird berichtet, am Platz der Hinrichtung einem Höfling leise eine Botschaft an den König anvertraut, indem sie sagte: „Empfehlt mich Seiner Majestät und sagt ihm, dass er nie aufgehört hat, mich in meiner Laufbahn höher hinauf zu befördern; von einer vornehmen Dame erhob er mich zur Marquise, von einer Marquise zur Königin, und jetzt, da er über keinen höheren Ehrentitel mehr verfügt, gibt er mir Unschuldigen die Krone der Märtyrerin."

Anne hatte keinen Kronprinzen geboren, wohl aber eine Tochter mit Namen Elisabeth. Diese sollte als dritte Nachfolgerin ihres Vaters Heinrich VIII. Königin von England werden. Sein unmittelbarer Nachfolger war Eduard VI., der Sohn der Jane Seymour. Er regierte von 1547 bis 1553. Ihm folgte seine Halbschwester, Maria die Katholische, Tochter der Königin Katharina von Aragon, die von Heinrich verstoßen und entwürdigend behandelt worden war. Maria führte die englische Kirche in die Gemeinschaft mit Rom zurück. Es gab wieder Todesurteile, diesmal zu Lasten der anglikanischen Partei. Schließlich bestieg Elisabeth, die Halbschwester Eduards und Marias, den englischen Thron. Das Thronfolgerecht war schon unter Heinrich auf Frauen ausgeweitet worden. Elisabeth trennte England neuerlich von Rom. Sie ließ auch ihre katholische Halbschwester Maria Stuart zum Tod verurteilen.

Heinrich VIII. hat achtunddreißig Jahre lang regiert und hat politisch den Aufstieg Englands zur zeitweiligen Weltmacht eingeleitet. Als junger König war er der an Intelligenz, Bildung und Eleganz hervorragendste unter den Fürsten Europas. Die späten Porträts zeigen ihn mit unförmiger Gestalt und einem aufgedunsenen Gesicht. Winston Churchill sagte über ihn: „Heinrichs Herrschaft zeitigte viele Fortschritte in der Entwicklung und in der Struktur des englischen Staates, aber es gereicht dieser Regierung zur Schande, dass man sich ihrer in der Hauptsache wegen der vielen Hinrichtungen erinnert ..."

Thomas Morus

Ein Goldstück für den Henker

Eine Lichtgestalt in der Düsternis der englischen Geschichte zur Zeit des monströsen Königs Heinrich VIII. ist Thomas Morus. „Humanist, Richter, Staatsmann, Märtyrer" – so beschreibt ein theologisches Lexikon lapidar das Wesen und Wirken dieses erstaunlichen Mannes.
Geboren wahrscheinlich 1477 in London und erzogen im Haushalt des Erzbischofs von Canterbury und Lordkanzlers Kardinal Morton, studierte er die Rechtswissenschaft in Oxford und London. Bei wiederholter Einkehr im Kloster der Londoner Kartäuser, von denen später viele ebenso wie er ihre Treue zur Einheit mit der römischen Kirche mit dem Martyrium bezahlten, prüfte er, ob er zum Priester berufen sei. Er entschied sich schließlich für ein „Leben in der Welt" als Jurist und fürsorglicher Familienvater.
1529 berief ihn der König nach dem Sturz des Lordkanzlers Kardinal Thomas Wolsey zu dessen Nachfolger. Heinrich VIII. glaubte, er könnte Morus, der schon so etwas wie eine moralische Großmacht im Königreich war, in seiner Ehescheidungssache auf seine Seite bringen. Da der Papst die Ehe des Königs mit Katharina von Aragon nicht annullierte, trennte sich der König von der Gemeinschaft mit Rom und gab sich den Titel „Oberstes Haupt der Kirche Englands". Thomas Morus bat nun vergeblich um seine Entlassung als Lordkanzler. Unter Berufung auf die gesamte Tradition der Kirche verweigerte er schließlich den Eid auf die neue Kirchenverfassung, verlor alle Ämter und wurde im Londoner Tower eingekerkert. Ein mit Kreaturen des Königs besetztes Gericht verhängte über Morus ein bestialisches Todesurteil wegen Hochverrates. Es lautete auf Henken bis zum Halbtod und nachfolgendes Massakrieren und wurde vom König gnadenhalber zur Strafe durch „einfache Enthauptung" umgewandelt. Morus sagte mit gelassener Heiterkeit, er danke Seiner Majestät für diese

Gnade, Gott möge aber alle seine Freunde vor der gleichen Gnade bewahren.
Aus dem Gefängnis schrieb er berührende Briefe an seine Familie. In einem solchen Schreiben an seine Tochter Margarete heißt es: „Sicher kannst du, Meg, kein schwächeres, kein zartfühlenderes Herz haben als dein Vater. Und obwohl sich meine Natur so heftig gegen das Leiden sträubt und mich ein Nasenstüber fast zum Erzittern bringt, so besteht doch gerade darin meine große Stärke, liebe Tochter, dass ich in allen Todesängsten, die ich durchgemacht habe, dank der Barmherzigkeit und Macht Gottes niemals daran dachte, in irgendetwas einzuwilligen, was gegen mein Gewissen wäre."
Im Ensemble großer Humanisten seiner Zeit, von denen viele, wie Erasmus von Rotterdam, mit ihm sehr befreundet waren, erwies sich Thomas Morus als ein wirklich tieffrommer Christ. Am 6. Juli 1535 wurde er vor dem Tower in London durch das Beil hingerichtet. Kurz vorher geschah dies auch mit seinem Freund, dem ehrwürdigen Humanisten und Kardinal John Fisher, der als einziger Bischof in England dem Verlangen des Königs ebenfalls nicht nachgegeben hatte. Auf viel grausamere Weise wurden mehrere Kartäuser von London zu Tode gebracht. Die englische Geschichte rund um das Königshaus stand in diesem Jahrhundert nicht hinter den Schrecken der shakespeareschen Königsdramen zurück.
Im Tower hatte der Gefangene mit Kohle einen lateinischen Abschiedsbrief an einen Freund geschrieben, weil ihm der Gebrauch von Feder und Tinte nicht gestattet war. Darin sagte er: „Gott möge sich unser erbarmen und uns aus diesem stürmischen Leben in die Ruhe des Himmels gelangen lassen, wo keine Briefe mehr geschrieben zu werden brauchen, wo keine Mauern uns mehr trennen, wo

kein Gefängniswärter unsere Gespräche belauscht." In seiner schon zu seinen Lebzeiten berühmt gewordenen *Utopia,* einer Schrift über den Idealstaat auf Erden, hatte Morus Protest gegen die Herrschaft eines autokratischen Fürsten erhoben.
Vor seiner Hinrichtung betete der Gefangene für Kirche, König und Vaterland und sagte zu den ringsum Stehenden: „Alle Umstehenden bitte ich, in dieser Welt für mich zu beten. Anderswo werde ich es für euch tun. Betet ernstlich für den König, damit es Gott gefalle, ihm gute Ratgeber zu schicken. Ich selbst sterbe als des Königs treuer Diener, zuerst aber als Diener Gottes." Diese letzten Worte wurden durch einen eiligen Nachrichtenbrief nach Paris übermittelt, und von hier breitete sich das Bekenntnis des englischen Staatsmannes, dass der Gehorsam gegenüber Gott über allem stehe, in ganz Europa aus. Bevor der Scharfrichter das Beil erhob, gab Morus ihm nach Art eines Edelmannes, eines wahren Gentleman, ein Goldstück. Als er den Kopf schon auf dem Richtblock liegen hatte, schob er den Bart zur Seite und sagte in sanfter Ironie: „Dieser hat ja keinen Hochverrat begangen."

Savonarola

In te, Domine, speravi

Auf der Piazza della Signoria, dem Platz vor dem Rathaus der Stadt Florenz, gibt die Inschrift einer in den Boden versenkten Metallplatte davon Nachricht, dass hier am 23. Mai 1498 der Dominikanermönch Girolamo Savonarola auf Grund eines „ungerechten, schändlichen Urteils" zusammen mit zweien seiner Mitbrüder die Todesstrafe durch Erhängen erlitten hat und dass sein Leichnam hernach hier verbrannt worden ist. Seine Asche wurde in den Fluss Arno gestreut, um eine künftige Verehrung als Heiliger zu verhindern oder wenigstens zu erschweren.

Damit ging ein Leben von nur 46 Jahren zu Ende. Porträts zeitgenössischer Maler zeigen Savonarolas Antlitz mit flammenden Augen und einer kühn geschwungenen Nase. Mit Selbstironie hatte er einen Mönch seines eigenen Klosters San Marco in Florenz, der auch ein bedeutender Maler war und seinen Prior porträtieren wollte, gefragt: „Willst du also, dass meine Fratze der Nachwelt erhalten bleibe?"

Geboren in Ferrara als Enkelsohn eines berühmten Mediziners, brach er das begonnene Medizinstudium ab, trat dem Dominikanerorden bei und wurde nach gründlicher philosophischer und theologischer Ausbildung bald zum herausragendsten Bußprediger im Italien des 15. Jahrhunderts. Er forderte eine Reform der Kirche und prophezeite bevorstehende läuternde Heimsuchungen. Profunde Kenntnisse der Bibel, mitreißende Beredsamkeit und asketischer Lebenswandel zeichneten ihn aus und ließen ihn zu einem großen Wegweiser werden. 15.000 Menschen kamen zu seiner ersten Predigt in den Dom von Florenz.

Mehr und mehr gewann Savonarola in Florenz auch politischen Einfluss in der Auseinandersetzung zwischen dem in Italien eingedrungenen Franzosenkönig Karl VIII. einerseits und dem ihm entgegenstehenden Bündnis des Papstes Alexander VI. mit italienischen Stadtstaaten andererseits. Florenz ergriff auf Betreiben des Mönches Partei für die Franzosen. Er erwirkte auch eine neue republikanische Stadtverfassung. Es gab drakonische Gesetze gegen moralische Dekadenz. Florenz sollte eine Art von Gottesstaat werden, ein neues Jerusalem. Dieses Experiment scheiterte schließlich an Widerständen von außerhalb wie innerhalb der Stadt.

Es folgten die Gefangennahme Savonarolas, der Prozess gegen ihn, ein von ihm durch Folter erpresstes und dann widerrufenes Geständnis, er sei ein falscher Prophet, und schließlich das Todesurteil und die Hinrichtung. Das Urteil über diesen Gottesmann schwankte und schwankt zwischen Extremen. Viele hielten ihn oder halten ihn heute für einen Heiligen, um dessen Seligsprechung man sich bemüht. Andere sahen oder sehen in ihm einen gefährlichen Zeloten. Das Pendel bewegt sich heute eher hin zur Überzeugung, er sei ein wahrer Heiliger gewesen. Kein Heiliger ist aber eine ganz gerundete Persönlichkeit. Jeder muss außerdem auch im Kontext seiner Zeit gesehen und beurteilt werden. Eine Fülle neuerer Studien scheint heute eine generell positivere Beurteilung des großen Dominikaners zu ermöglichen.

In der Kerkerhaft, die vom 9. April 1498 bis zum 23. Mai, dem Tag seiner Hinrichtung, dauerte, schrieb er ergreifende Meditationen über den Psalm 50 *(Miserere)* und den Psalm 20 *(In te, Domine, speravi)*. Sie gehören zu den kostbarsten geistlichen Schriften dieser Zeit.

Das Verstummen des Thomas von Aquin

Zu den vielen herausragenden Gestalten der europäischen Kultur- und Geistesgeschichte, denen weniger als fünfzig Lebensjahre zugemessen waren, zählt auch der Kirchenlehrer Thomas von Aquin. Als jüngster Sohn einer lombardischen Adelsfamilie wurde er 1225 im Schloss Roccasecca nördlich von Neapel geboren und – für den geistlichen Stand bestimmt – im nahen Kloster Montecassino erzogen. Dann studierte er an der Universität Neapel, einem Schnittpunkt zahlreicher geistiger Strömungen aus dem ganzen Mittelmeerraum. Dem Weg zur Würde eines Erzbischofs von Neapel zog er zum Schrecken seiner Familie den Eintritt in den noch jungen Bettelorden der Dominikaner vor. Zwanzigjährig setzte er seinen Willen dazu durch. Der Orden entsandte ihn zum Studium nach Paris, wo Albert der Große sein Lehrer war. Diesem Universalgelehrten folgte er bald nach Köln.

Die folgenden zwanzig Jahre umspannen ein Wanderleben mit Stationen in Paris. Neapel, Orvieto, Rom und nochmals in Paris und Neapel. An allen diesen Orten war Thomas Lehrer der Theologie und schuf dort und auf den Reisen dorthin, die er zu Fuß oder auf dem Rücken eines Maultiers bewältigte, ein gemessen an Umfang und gedanklicher Tiefe gewaltiges Werk, das schon während seiner Lebenszeit und mehr noch in den folgenden Jahrhunderten eine einzigartige Anerkennung fand.

Am 6. Dezember 1273 brach er plötzlich alle gewohnte Arbeit ab. Sein Sekretär, der Dominikaner Reginald von Piperno, war verstört über diesen radikalen Wandel. Aus der Distanz scheuer Bewunderung für den Meister wagte er nicht sogleich, nach dem Grund dafür zu fragen. War es Erschöpfung nach den Jahren so riesiger Anstrengungen oder war es gar der Beginn einer geistigen Störung? Als Reginald

schließlich doch fragte, antwortete Thomas, er wolle nun nichts mehr schreiben, weil alles, was er geschrieben habe, ihm wie Spreu erscheine angesichts dessen, was er nun erkenne. Gemeint war damit wohl ein mystisches Erkennen, ein Eintauchen in das Geheimnis Gottes jenseits aller Worte.
Im März des folgenden Jahres erkrankte Thomas im Kloster Fossanuova auf dem Weg zum zweiten Ökumenischen Konzil in Lyon. Kniend empfing er noch einmal die eucharistische Wegzehrung und wandte sich dabei an Christus in einem Gebet, das überliefert worden ist:

Ich empfange dich, du Lösepreis meiner Seele;
ich empfange dich, du Brot meiner Pilgerschaft,
Um deinetwillen habe ich geforscht,
gewacht und mich gemüht.
Nie habe ich gegen dich gesprochen.
Wenn es aber unbewusst geschehen wäre,
so beharre ich nicht auf meinem Sinn.

Das waren die letzten, aus Schweigen erwachsenen Worte eines Mannes, der über Gott und die Welt so viel Großartiges gesagt hat.

FRANZISKUS

Singend sterben

In Assisi, wo er im Jahr 1180 geboren worden war, ist Franziskus am 3. Oktober 1226 gestorben. Die letzte Zeit seines Lebens war überschattet von körperlichen und seelischen Leiden. Der große Franziskanertheologe Kardinal Bonaventura schrieb darüber schon bald nachher in seiner Franziskusbiographie: „Wie einen Stein, der für den Bau des himmlischen Jerusalem verwendet werden sollte, meißelten die Schläge der Krankheiten ihn zurecht, und wie einem Kunstwerk der Goldschmiede gaben ihm die Hammerschläge mannigfacher Bedrängnisse seine Vollendung."

Einige Tage vor seinem Tod bat der Heilige, man möge ihn von der Bergstadt Assisi in die Ebene hinuntertragen zum Heiligtum Santa Maria in Portiuncula. Dort, wo er zwanzig Jahre vorher die Gnade der Umkehr zu einem radikalen Christentum empfangen hatte, wollte er auch sterben.

Thomas von Celano, dem eine ältere Lebensbeschreibung des Franziskus zu verdanken ist, berichtet über dessen Sterbestunde: „Als Franziskus nun erkannte, dass die Stunde seines Todes nahe bevorstehe, rief er zwei Brüder und ließ sie wegen des nahen Todes, oder vielmehr wegen des so nahe bevorstehenden Lebens, im Jubel des Geistes mit lauter Stimme dem Herrn die Lobpreisungen singen. Und so gut er konnte, sang Franziskus selbst den Psalm Davids: ‚Mit meiner Stimme rufe ich zum Herrn' ... Darauf ließ sich der Heilige auf ein Bußgewand legen und mit Asche bestreuen, da er ja bald zu Staub und Asche werden sollte. Während nun viele Brüder herbeikamen und alle sein seliges Scheiden und glückliches Ende erwarteten, löste sich seine heilige Seele vom Leibe und wurde in dem grundlosen Meer des Lichtes verschlungen; der Leib aber entschlief im Herrn."

Franziskus ist singend gestorben, nachdem er singend gelebt hatte.

Seine Mutter, eine Französin, hatte ihrem Kind Giovanni Bernardone die Lieder französischer Troubadours vorgesungen. Man nannte ihn daher in seiner Heimatstadt bald schon nicht Giovanni, sondern Francesco – der kleine Franzose. Nach seiner Bekehrung bettelte er als Straßensänger in Assisi um Spenden für den Wiederaufbau des zerfallenen Kirchleins von San Damiano. „Er jubelte", schreibt Bonaventura, „über alle Werke, die der Herr geschaffen hat, und von diesen Spiegelbildern seiner Schönheit erhob er sich in seinem Lobgesang zu Gott, dem Leben spendenden Quellgrund."

Der bekannteste von Franziskus, diesem Troubadour Gottes, überkommene Text ist sein Sonnengesang. Um aller Geschöpfe willen wird hier Gott, dem Schöpfer, das Lob gesungen. Für Sonne, Mond, Sterne, Wind, Wasser, Feuer und Erde wird ausdrücklich gedankt und dazu für die Menschen, die Jesus selig gepriesen hat. Schon auf den Tod krank hat Franziskus seinem Sonnengesang einen Dank an Gott für den Tod hinzugefügt, „für unsere Schwester Tod", wie er in der italienischen Originalsprache des Textes genannt wird: „Gelobt seist du, mein Gott, für unseren Bruder, den leiblichen Tod, dem kein lebender Mensch entgehen kann."

Als Franziskus starb, trug er an seinem kranken Leib die Stigmata, die Wundmale Christi, die ihm zwei Jahre vorher auf dem Berg La Verna nahe Arezzo in einer mystischen Ekstase eingeprägt worden waren. In einem berührenden alten Kirchengebet wird über dieses Ereignis gesagt: „Gott, als die Welt anfing zu erkalten, hast du am Leib deines Dieners Franziskus die Wundmale deines Sohnes erneuert, um unsere Herzen mit dem Feuer deiner Liebe zu entflammen."

THOMAS BECKET
Mord im Dom

In der Krypta der Kathedrale von Canterbury markiert seit einigen Jahren ein Stein am Boden mit der Inschrift „Thomas Becket" ein Grab, in welchem man das Skelett eines groß gewachsenen Mannes gefunden hat. Vielleicht sind es die sterblichen Reste jenes heilig gesprochenen Erzbischofs, die bis zum Jahr 1538 in einem prächtigen Hochgrab im Chor der Kathedrale geborgen waren. König Heinrich VIII. hat damals nach der gewaltsamen Trennung der englischen Kirche von Rom den Schrein des Heiligen berauben, zerstören und die darin befindlichen Reliquien vernichten lassen. Mag sein, dass fromme Katholiken in Voraussicht dieser Barbarei die echten Reliquien in der Krypta verborgen und im Schrein durch andere Gebeine ersetzt haben.
Thomas Becket ist am 29. Dezember 1170 während des Vespergottesdienstes von vier Rittern des Königs Heinrich II. erschlagen worden. Es ist nicht gewiss, ob der König diese Tat vorher gebilligt hatte. Mönche und Volk begannen alsbald, Becket als Märtyrer der Freiheit der Kirche zu verehren. Der Papst nahm ihn schon zwei Jahre später in das Verzeichnis der Heiligen auf, und der König war gezwungen, am Grab des Erzbischofs öffentlich Kirchenbuße zu tun.
Bald gewann die Wallfahrt nach Canterbury gleichen Rang wie jene nach Santiago de Compostela in Spanien, und dies dauerte bis zur Reformation unter Heinrich VIII.
Aus einer historischen Distanz von mehr als 800 Jahren bleibt Becket eine rätselhafte Gestalt, die unterschiedlichen Deutungen ausgesetzt ist. Im 20. Jahrhundert haben sich zwei Schriftsteller von Weltrang seiner Geschichte angenommen: der Angloamerikaner Thomas Stearns Eliot durch das 1935 vollendete Drama *Mord im Dom* und der Franzose Jean Anouilh durch das 1958 verfasste Schauspiel *Becket oder Die Ehre Gottes*. Eliot betrachtet Becket mit den Augen eines tief-

gläubigen Christen als einen im Amt des Erzbischofs wirklich zur Heiligkeit herangereiften früheren Königsdiener und Kanzler der englischen Krone. Der Agnostiker Anouilh verbleibt dagegen in einer skeptischen Distanz. Geht es dem Erzbischof Becket zuletzt wirklich um die Ehre Gottes gegenüber dem Zugriff des Königs auf die Kirche oder doch mehr um seine eigene Identität, um seinen nicht in Liebe verglühten Stolz?

Berührend hat Anouilh eine Szene in der Sakristei der Kathedrale kurz vor der Ermordung des Erzbischofs gestaltet. Ein kleiner sächsischer Mönch bekleidet den Bischof mit den Pontifikalgewändern. Er ist dabei ungeschickt langsam. Nervös sagt ihm Becket, er solle einige das liturgische Kleid verschließende Schleifen einfach offen lassen. Der Mönch wendet eifrig ein: „Was getan werden muss, muss getan werden." Becket besinnt sich und gibt ihm Recht: „Du hast Recht. Was getan werden muss, muss getan werden. Binde die Schleifen alle zu. Lass keine aus ... Gott wird uns Zeit geben."

Der nahe Tod löst bewährte Ordnungen im Leben religiöser Menschen nicht auf, sondern bestätigt sie, will Anouilh damit in Respekt für dieses gewachsene Regelwerk sagen. Der Theologe Karl Rahner hat, dies vertiefend, gesagt: „In wachsender Nähe zu Gott wächst auch das spezifische Gewicht der Dinge."

HUGO VON CLUNY

Sterben auf Sack und Asche

Hugo, einer der großen Äbte des burgundischen Klosters Cluny, von dem im Mittelalter starke Impulse zur Erneuerung der Kirche ausgingen, war schon mit vierzehn Jahren in dieses Kloster eingetreten. Er leitete es durch sechzig Jahre als Abt und führte es auf den Gipfel seiner Geltung. In der Fastenzeit des Jahres 1109 begann der Verfall seiner Kräfte. Er konnte die Liturgie des Palmsonntags nicht mehr feiern. Durch einen Unbekannten wurde ihm eine Vision mitgeteilt, die seinen nahen Tod ankündigte, und mit einem Wort des Apostels Paulus sagte er: „Ich wünsche, aufgelöst zu werden und bei Christus zu sein." Er kam dann wieder ein wenig zu Kräften und feierte die Liturgien des Gründonnerstags und des Osterfestes, „angetan mit festlichen Gewändern, die ebenso von dem Glanz des Tages wie von der Reinheit seiner Seele kündeten" – so berichtet ein mittelalterlicher Biograph. Die Biographie des hl. Abtes erzählt weiter: „Am Dienstag zeigten die dunkelnden Augen und das Versagen der Stimme sowie der übrigen Sinne den unmittelbar bevorstehenden Heimgang an ... Da sich der Diener Gottes nun anschickte, dieses Ägypten zu verlassen ... und die Brüder, die ihm beistanden, weinten ... gab er ihnen durch Zeichen zu verstehen, dass er nun sterben werde, und brachte noch hervor: ‚Benedicite!' Dann verlor er die Fähigkeit zu sprechen. Als der Tag sich zum Abend geneigt hatte, wurde der Sterbende in die Kirche gebracht; dort legte er die müden Glieder, die der Natur ihren Zoll zahlten, auf Sack und Asche nieder. Als die irdische Sonne unterging, ging sie auch für ihn unter; doch sein Geist, befreit von der Last des Fleisches, tauschte selig gegen die Fremde die Heimat, gegen das Zeitliche die Ewigkeit ein."

Der Brauch, einen sterbenden Kleriker auf Asche zu betten, wurde in der Zeit des Mittelalters viele Male geübt. So ließ im Jahr 973 der

83-jährige Bischof Ulrich von Augsburg Asche in Form eines Kreuzes auf den Boden seiner Kirche streuen. Dann gebot er, das Aschenkreuz mit Weihwasser zu besprengen und ihn darauf zu betten. So lag er die ganze Nacht hindurch, bis er zu der Zeit, da die Priester das Morgenlob sagten, starb. Und Franz von Assisi ließ sich, als er den Tod nahen fühlte, aus Assisi hinuntertragen in die Ebene von Portiuncula. Dort las man ihm aus dem Johannesevangelium die Abschiedsreden Jesu und den Bericht über die Fußwaschung vor. Dann bat er um Brot, das er mit allen Brüdern teilen wollte. Zuletzt verlangte er, dass man seinen nackten Leib auf die Erde lege. Liegend breitete er die Arme zum Kreuz aus, und singend ist er gestorben.

In der Armut ihres Sterbens wollten Abt Hugo von Cluny, Bischof Ulrich von Augsburg und der Diakon Franz von Assisi dem Beispiel der Armut Jesu bei seinem Tod am Kreuz folgen. Die Asche, auf die sie sich sterbend betten ließen, sollte an ein Wort aus dem biblischen Bericht vom Sündenfall erinnern, das Gott zu Adam sagt: „Staub bist du, und zum Staub musst du zurück."

Asche beschmutzt, aber sie ist leichter, weniger anhaftend als Erde, als Lehm. Asche ist durch Feuer gereinigter Erdenstoff. Aus der Asche erhebt sich in einem antiken Mythos der Vogel Phönix zu neuem Leben. Er lässt die Asche zurück. Der christliche Glaube lehrt hingegen, dass der Mensch in der Auferstehung seine Geschichte – die Erde, die Asche –, freilich geläutert durch das Feuer eines Gerichtes, mitnimmt in ein ewiges Aufgehobensein bei Gott. So wird Asche, das Zeichen scheinbarer Vergeblichkeit menschlichen Lebens und Mühens, zur Chiffre von Transzendenz und Ewigkeit.

Benedikt von Nursia

Stehend sterben

Hoch über der Stadt Cassino in Unteritalien liegt Montecassino, das Mutterkloster des Benediktinerordens. Um das Jahr 529 wurde es vom heiligen Mönchsvater Benedikt gegründet, der auf dem Weg aus seiner Heimatstadt Norcia in den Abruzzen über Rom und Subiaco hier seinen geistlichen Weg – eine Reise nach innen in einer Zeit großer Umbrüche – vollendet hat.

In den beinahe 1500 Jahren seiner Geschichte hat das Kloster, eine kleine Stadt auf dem Berg und zeitweise ein Stück Himmel auf der Erde, viele Heimsuchungen und Zerstörungen erlebt, deren jüngste sich während des Zweiten Weltkrieges ereignet hat. Das Wappen des Klosters zeigt eine gefällte Eiche, aus deren Strunk ein neuer Baum hervorwächst, und dazu den Spruch *Succisa virescit* (umgehauen grünt sie neuerlich). Dieser Spruch ist gerade in Montecassino viele Male bestätigt worden.

Das Bergkloster hat im Lauf der Jahrhunderte Mönche aus fast allen Ländern Europas beherbergt. Es war eine wahrhaft europäische Adresse. Sein Gründer Benedikt wird von der katholischen Kirche als einer der Patrone Europas verehrt. Besonders wirksam war und bleibt er durch die von ihm unter Bezug auf ältere Quellen, aber vor allem auf das Evangelium verfasste Ordensregel, deren prägende Kraft in Spiritualität, Lebenskultur und Kunst aller Gattungen in vielen Ländern Europas besonders durch die immer noch präsente Klosterarchitektur augenfällig ist.

Nachrichten über das Leben des heiligen Benedikt sind vor allem durch das zweite Buch der *Dialoge* des Papstes Gregor des Großen überliefert, der im Jahr 604 gestorben ist. Dieses Buch stellt die Gestalt des Mönchsvaters in einem berührenden und untrennbaren Ineinander der historischen Realität und der sie kongenial interpretierenden Legende dar. Gregor schreibt über Benedikt: „Wer sein Wesen und sein Leben genauer kennen lernen will, kann in den Weisungen der Regel alles finden, was er als Meister vorgelebt hat: Der heilige Mann konnte gar nicht anderes lehren, als er lebte." Dieser Aussage schließt er einen Bericht über das Sterben des noch nicht siebzigjährigen Heiligen an und sagt wörtlich: „Sechs Tage aber vor seinem Tode ließ er sich sein Grab bereiten. Alsbald wurde er vom Fieber befallen und von großer Hitze gequält. Da die Krankheit von Tag zu Tag zunahm, ließ er sich am sechsten Tag von seinen Schülern in das Bethaus tragen, stärkte sich dort für den Tod durch den Empfang des Leibes und des Blutes des Herrn und stand da, die schwachen Glieder unter den Händen seiner Schüler aufrecht haltend, mit zum Himmel erhobenen Händen und tat unter Worten des Gebetes den letzten Atemzug." Dies geschah in Montecassino an einem 21. März und wahrscheinlich im Jahr 547.

In dieser Haltung des Stehens vollendete sich auf ergreifende Weise ein Leben, das adventlich nach oben auf Gott hin ausgerichtet war oder anders gesagt: nach vorn, auf den wiederkehrenden Christus hin. Benedikt erscheint hier auch als so etwas wie ein zweiter Moses. Über Moses berichtet nämlich das alttestamentliche Buch Exodus, er habe während eines für Israel existenzentscheidenden Kampfes gegen die Amalekiter betend die Hände erhoben, gestützt von seinem Bruder Aaron und einem anderen Angehörigen seines Volkes.

Mit erhobenen Händen stehen, das ist auch ein alter Gebetsgestus der christlichen Kirche, der zumal von den Priestern bei der Eucharistiefeier vollzogen wird. Vor allem am Sonntag, dem Tag des Gedenkens an die Auferstehung Christi, war und ist dieser Gestus üblich. Im Stehen mit ausgebreiteten Armen den Tod zu erwarten, ist über all das hinaus der körperlich radikalste Ausdruck der Sehnsucht nach der baldigen endgültigen Begegnung mit Gott im – wie es in einem alten geistlichen Lied heißt – „Morgenglanz der Ewigkeit“.

Die Tränen des Augustinus

Das für damalige Verhältnisse ungewöhnlich lange Leben des heiligen Augustinus, Bischof von Hippo in Nordafrika, fällt in eine Spät- und Wendezeit. Im Jahr 430 ist er als alter Mann von 76 Jahren gestorben. Vor seiner Bekehrung zum Christentum, die in seinem dreiunddreißigsten Lebensjahr mit der Taufe durch den Kirchenvater Bischof Ambrosius in Mailand besiegelt wurde, war sein Leben eine dramatische Suchbewegung, ein „Strauchelweg", wie er selbst es ausgedrückt hat. Er hat darüber in seinem meisterlichen Buch *Confessiones* (Bekenntnisse) in Gestalt einer großen beichtenden Rede vor Gott und den Menschen ein öffentliches Zeugnis gegeben.

Zehn Jahre nach seiner Taufe wurde er in das Amt des Bischofs von Hippo gewählt. In schwerer Zeit war ihm dies eine große Last, die er durch mehr als dreißig Jahre mit großartiger Geduld ertrug. In Treue diente er Menschen aller sozialen Verhältnisse in seiner unbedeutenden Provinzstadt, während seine Schriften ihn in der ganzen katholischen Kirche immer bekannter und einflussreicher werden ließen. Keine große philosophische und religiöse Frage gab es, die ihn nicht bewegt hätte, keinen Widerspruch, den er nicht auch in sich selbst erlitten und ausgetragen hätte.

Augustinus glaubte im letzten, im Greisenalter der Welt zu leben. Dramatisch erlebte er den Niedergang des Römischen Reiches, das durch eindringende germanische Völker zunehmend destabilisiert wurde. Im Todenjahr des Bischofs verwüsteten Vandalen das römische Nordafrika. Die Stadt Hippo wurde zu einem großen Flüchtlingslager und der Bischof noch mehr als bisher zu einem wahren „Vater der Armen". Schließlich wurde die Stadt selbst von vandalischen Belagerern eingeschlossen. Im dritten Monat dieser Bedrängnis zwang eine fiebrige Krankheit Augustinus auf sein Sterbebett. In den letzten zehn

Tagen wollte er möglichst einsam sein. Er nahm Abschied von seinen Hausgenossen. Dann ließ er Pergamentbögen, die mit den Texten der biblischen Bußpsalmen beschrieben waren, an die Wand gegenüber seinem Bett heften und las diese Texte betend immer wieder und oft unter Tränen. Die Fehler seines bis zur Bekehrung verschlungenen Lebensweges waren ihm vor Augen, und er wollte nicht aus dem Leben scheiden, ohne eine Buße auf sich genommen zu haben, die ihn sogar von der Eucharistie, vom Tisch des Herrn, fernhielt.

„Unruhig ist unser Herz, bis es Ruhe findet in dir", hatte der Bischof Jahre vorher in einem Gebet auf Gott hin gesagt. Sein unruhiges Herz hörte am 28. August des Jahres 430 auf zu schlagen.

Er hinterließ keinen Besitz, ausgenommen seine Bücher und Manuskripte. Diese wurden aus dem Brand gerettet, als die Vandalen bald nach seinem Tod die Stadt in Asche legten. Sein Biograph Possidius stellte eine Liste seiner Werke zusammen. Er meinte, dass kein Mensch sie jemals alle lesen könnte, und fügte hinzu: „Doch glaube ich, dass diejenigen größeren Gewinn hatten, die ihn mit eigenen Augen beim Gottesdienst sahen und seine Predigten hörten, und erst recht jene, die mit seinem Lebenswandel unter den Menschen in Berührung kamen."

Die Schriften des Augustinus prägen auch heute viele Christen und viele Menschen außerhalb der Christenheit. Es wächst auch die Zahl muslimischer Intellektueller in Nordafrika und Frankreich, die sich den Büchern des heiligen Bischofs von Hippo zuwenden.

Monnica

Der Abschied am Fenster

Im neunten Buch seines zur Weltliteratur zählenden Werkes *Confessiones/Bekenntnisse* hat der Kirchenvater Augustinus seiner Mutter Monnica ein berührendes literarisches Denkmal gesetzt. Diese lobwürdige Frau ist im Herbst des Jahres 387, fern ihrer nordafrikanischen Heimat, in der Rom benachbarten Hafenstadt Ostia an einer fiebrigen Krankheit gestorben, in Gegenwart ihres Sohnes, der darüber schreibt: „Und also ward am neunten Tage ihrer Krankheit, im sechsundfünfzigsten Jahre ihres Lebens, im dreiundreißigsten meines Lebens diese gottverbundene, edle Seele aus ihrem Leibe gelöst."
Das Leben der tiefgläubigen Christin Monnica war durch viele Jahre eine Zeit des Ringens um die Bekehrung ihres Gatten und vor allem ihres Sohnes zum Christentum. Kurz vor ihrem Tod wurde Augustinus in Mailand durch den großen Bischof Ambrosius getauft. Beide sind später gemeinsam mit Hieronymus und Papst Gregor dem Großen die wichtigsten Kirchenväter der katholischen Kirche geworden. Der über ihren anscheinend unbekehrbaren Sohn weinenden Mutter hatte Ambrosius Jahre vorher zuversichtlich gesagt, „ein Sohn solcher Tränen" werde nicht verloren gehen. Nun war diese Hoffnung erfüllt. Abschied nehmend sagte die Mutter zu ihrem Sohn: „Mein Sohn, was mich anlangt, so hat nichts mehr Reiz für mich in diesem Leben ... Eines nur war es, um deswillen ich noch ein Weilchen zu leben wünschte: Dich wollte ich als katholischen Christen sehen, ehe ich stürbe. Überreich hat es mein Gott mir gewährt: als seinen Knecht darf ich dich sehen, da nun auch das Erdenglück dir nichts mehr bedeutet. Was tu ich noch hier?"
Vorausgegangen war ein mystisch gestimmtes Gespräch, das beide vor einem zum Garten weisenden Fenster des sie provisorisch beherbergenden Hauses in Ostia miteinander geführt hatten. Die Beschrei-

bung dieser Zwiesprache durch den sprachmächtigen Sohn ist einer der großartigsten Texte christlicher Mystik. Die Mutter und der nun endlich zum Christen gewordene Sohn durchwandern in gläubiger Phantasie stufenweise die Erde und den astronomischen Himmel, übersteigen dann beides in die Welt des Geistes hinein, geraten auch über diese hinaus schließlich zur ewigen Weisheit Gottes und streifen diese „leise in einem vollen Schlag des Herzens".

Diese Reise in die Ewigkeit gibt ihnen aber dort noch keine bleibende Heimat. Beiden ist die Rückkehr in das irdische Leben auferlegt. Dieses Leben sollte für Monnica aber nur noch zwei Wochen dauern. Sie hatte in Tagaste in Nordafrika für sich ein Grab neben der Ruhestätte ihres verstorbenen Mannes vorbereitet, der ihr keine glückliche Ehe ermöglicht hatte. All das war ihr aber nun nicht mehr wichtig. „Begrabt diesen Leib wo immer, er soll euch keine Sorge machen. Nur um das eine bitte ich euch, dass ihr am Altar des Herrn meiner gedenkt, wo ihr auch seid", sagt sie ihren an ihrem Sterbebett anwesenden Kindern.

Augustinus zähmt seinen wilden Schmerz durch die Kraft seines christlichen Glaubens. Er bekennt, dass er auch ein Bad aufsuchte, aber unverändert zurückkam, „denn nicht wegzuschwitzen war aus meinem Herzen die Bitternis der Trauer". Und er fügt hinzu: „Dann tat ich einen Schlaf, und ich erwachte und fand meinen Schmerz um nicht weniges gemildert." Schließlich wird ihm die Gabe der Tränen zuteil: „Ich ließ die Tränen los, die ich verhalten hatte, dass sie strömten, wie sie wollten." Der Sohn, Ursache vieler Tränen seiner Mutter, wird nun selbst zum Weinenden und erfährt die heilende Kraft dieser Art des Trauerns.

MAKRINA
Der Blick nach Osten

Die Christenheit des vierten Jahrhunderts hat in der kleinasiatischen Provinz Kappadokien eine ungewöhnliche Familie hervorgebracht, von deren zehn Kindern vier als Heilige verehrt werden. Es sind die drei schließlich in das Bischofsamt gerufenen Brüder Basilius, Gregor von Nyssa und Petrus und deren ältere Schwester Makrina. Auch die ebenfalls als Heilige verehrte Großmutter väterlicherseits dieser heiligen Enkel trug den Namen Makrina. Sie war erst als Erwachsene Christin geworden.

Basilius und Gregor zählen mit dem mit ihnen befreundeten Gregor von Nazianz zu den bedeutendsten Theologen ihrer Zeit, die vom oft feindseligen Ringen der Christenheit um das rechte Verständnis des Ineinander von göttlichem und menschlichem Wesen Christi erschüttert war. Man nennt sie wegen ihrer Herkunft aus derselben Provinz Kleinasiens einfach die Kappadokier. Beiden Brüdern war ebenso Tiefe des Denkens wie der Glanz einer großen rhetorischen Begabung eigen. Basilius gründete ein Kloster am Fluss Iris, in welchem zeitweise auch Gregor lebte. Er gilt als Vater des Mönchtums in der Ostkirche, so wie Benedikt von Nursia als Mönchsvater der Westkirche angesehen und verehrt wird. Schon früh hatte sich Makrina, die ältere Schwester der beiden, nach dem Tod ihres Verlobten gemeinsam mit ihrer Mutter und einigen Frauen, die früher deren Sklavinnen gewesen waren, auf das Familiengut am Iris zurückgezogen. Hier begründeten sie eine klösterliche Lebensgemeinschaft.

Während Gregors Weg bis zum Bischofsamt kein gerader war und er auch noch als Bischof seinem älteren Bruder Basilius wegen eines Mangels an Leitungskompetenz Sorgen bereitete, war Makrina für die ganze Familie ein beständig leuchtendes Licht. Gregor, der schließlich Bischof der kleinen Stadt Nyssa geworden war, hat zwei kostbare

Schriften hinterlassen, die Makrina nachhaltig im Gedächtnis der Kirche verankert haben. Es sind dies eine kurze Beschreibung des Lebens seiner Schwester und das *Gespräch mit Makrina über Seele und Auferstehung*. Der bischöfliche Bruder war im Jahre 379 gerade noch rechtzeitig nach einer Synode in Antiochien in das Iriskloster gekommen, um wenigstens noch einen Tag bei seiner dem Tode nahen Schwester zu verbringen. Über das Gespräch mit ihr, das den „letzten Dingen" des Menschen gewidmet war, berichtet Gregor in einem literarischen Rahmen, der Platons Dialog *Phaidon* verpflichtet ist. Der Inhalt geht aber wohl zum großen Teil auf Makrina selbst zurück. Makrina habe, so erzählte ihr Bruder in der Beschreibung ihres Lebens, obwohl schon vom Fieber verzehrt, in kühnem Flug des Geistes über die Seele gesprochen, wie sie die Ursache unseres Lebens im Fleische sei, wie der Mensch zum Sterben komme, wie es mit der Rückkehr zum Leben bestellt sei.

Die sterbende Makrina war auf den Boden ihrer Behausung gebettet. Sie lag auf einem Brett. Ihr Haupt war auf ein anderes, ein schräges Brett gestützt. Dieses niedrige Lager war nach Osten gerichtet. Unverwandt schaute die Sterbende dorthin, wo an jedem Morgen die Sonne aufgeht. Die Hinwendung zum Tagesgestirn war und ist ein wichtiges Element des Ritus von nichtchristlichen Religionen. Für die Christenheit des vierten Jahrhunderts war die Sonne schon ein Symbol für Christus und seine Wiederkehr am Ende geworden, nachdem der antik-heidnische Sonnenkult erloschen war.

Das von Gregor überlieferte Sterbegebet der Makrina klingt – so hat der Jesuit Josef Stiglmayr vor Jahrzehnten geschrieben – „wie eine feierliche Liturgie, gewoben aus Texten der Heiligen Schrift, die den Triumph Christi über den Tod, die Hölle und den bösen Feind verkünden, und kirchlichen Gebeten, die demütiges Flehen und gläubige Zuversicht atmen".

Über den Tod seiner Schwester sagt Gregor von Nyssa wörtlich: „Als inzwischen der Abend herangekommen war und man ein Licht brauchte, schlug sie ihre Augen auf, schaute zum Glanz hin und gab zu erkennen, dass sie auch das abendliche Dankgebet sprechen wolle. Weil aber die Stimme versagte, führte sie im Herzen und durch Bewegung ihrer Hände den Vorsatz aus, und ihre Lippen bewegten sich dem inneren Drang gemäß. Wie sie aber das Gebet vollendet hatte und die Hand zur Bekreuzigung ans Gesicht führte, um damit das Ende des Gebets anzuzeigen, beschloss sie, ganz schwer und tief aufatmend, zugleich mit dem Gebet ihr Leben." Sie war wohl wenig mehr als vierzig Jahre alt. Ihr Todestag war der 19. Juli des Jahres 379 oder 380.

Simon Petrus

Gekreuzigt nach unten

Quo vadis? – „Wohin gehst du?“ Diese Frage ist der Titel eines Romans des polnischen Schriftstellers Henryk Sienkiewicz, der im Jahr 1896 veröffentlicht wurde. Dem Autor wurde dafür 1905 der Nobelpreis für Literatur verliehen. Sienkiewicz wollte in diesem Buch anhand einer frühchristlichen Legende die Kraft des Evangeliums einem dekadenten Heidentum gegenüberstellen. *Quo vadis Domine?* – das ist hier eine Frage des Apostels Petrus an Jesus Christus, der ihm in einer Vision vor dem Stadttor Roms auf der Via Appia begegnet, auf der Straße, die von Rom nach Süden führt. Petrus hat die Stadt verlassen, um dem Märtyrertod zu entgehen, weil er glaubt, dass es für die junge römische Kirche in dieser Situation besser sei, wenn ihr Bischof am Leben bliebe. Die Legende erzählt weiter, dass Christus dem ersten Papst auf dessen Frage geantwortet habe: „Ich gehe nach Rom, um mich ein zweites Mal kreuzigen zu lassen.“ Daraufhin kehrt der Apostel um. Sein Weg zurück in die Stadt ist ein Weg in den Tod, in das Martyrium.

Das älteste Zeugnis für diese Legende findet sich in den Petrus-Akten. Es handelt sich dabei um eine so genannte apokryphe Schrift aus dem zweiten Jahrhundert, die von der frühen Kirche nicht in das Verzeichnis der Bücher des Neuen Testaments aufgenommen wurde. Manche christliche Gruppen beanspruchten damals aber für Apokryphen dieselbe Autorität wie für die Texte der Heiligen Schrift. Die Petrus-Akten erzählen nicht nur die Quo-vadis-Legende, sondern auch, dass Petrus in Rom schließlich gekreuzigt wurde – anders als Christus, nämlich mit dem Kopf nach unten – und dass dies auf die Bitte des Apostels hin geschehen sei.

Die Überlieferung, dass Petrus in Rom gestorben ist, gilt als gewiss. Als ebenso gewiss gilt, dass er ein Opfer der ersten Christenverfolgung in Rom war. Am 18. Juli des Jahres 64 brach in der Hauptstadt des römischen Imperiums ein verheerender Brand aus, der sechs Tage dauerte. Ungewiss ist, ob der Kaiser Nero selbst den Brand legen ließ oder ob man ihn lediglich dieser Tat beschuldigte und er deshalb den Verdacht auf die Christen lenken ließ. Diese wurden, wie der römische Geschichtsschreiber Tacitus berichtet, auf grausamste Weise zu Tode gebracht. Viele wurden gekreuzigt und mit ihrem Kreuz in der Nacht in Brand gesetzt. Als lebendige Fackeln trugen sie so zu einem grässlichen Schauspiel für das Volk bei. Dieses Morden fand vor allem im Zirkus des Nero nahe dem heutigen Vatikan statt.

Es ist anzunehmen, dass auch Petrus dort gekreuzigt wurde. Dies war dann die Erfüllung einer Vorhersage Christi an den Hauptapostel, die im Schlusskapitel des Johannesevangeliums überliefert ist. Der auferstandene Christus sagt an einem frühen Morgen dem Petrus am großen See von Galiläa, wo er ihn Jahre vorher vom Fischernetz weg zum Jünger berufen hat: „Amen, amen, ich sage dir: solange du jung warst, gürtetest du dich selbst und gingst, wohin du wolltest. Wenn du aber alt geworden bist, wirst du deine Hände ausstrecken und ein anderer wird dich gürten und schleppen, wohin du nicht willst." Der Evangelist fügt dem die Erklärung hinzu, dass Jesus mit diesen Worten ankündigen wollte, durch welchen Tod Petrus Gott verherrlichen werde. Die Rede vom Ausstrecken der Hände gilt als ein Hinweis auf die Kreuzigung des Petrus. Vor dieser Ankündigung des Martyriums fragt Christus den Apostel dreimal, ob er ihn liebe. Damit erinnert er ihn an seine Verzagtheit während des Leidens des Herrn. Dreimal hat nämlich Petrus geleugnet, zu Christus zu gehören, um nicht selbst in dessen Leiden hineingezogen zu werden. Was nun geschieht, gleicht einer Beichte: Petrus bereut, Christus spricht ihn von dieser alten Schuld los und weist ihn in das künftige Hirtenamt ein mit den Worten: „Weide meine Lämmer, weide meine Schafe." So wird eine Verheißung eingelöst, die dem Petrus Jahre vorher nahe der Stadt Caesarea Philippi gegeben worden ist. Auf das Bekenntnis des Petrus hin: „Du bist der Messias, der Sohn des lebendigen Gottes", hatte Jesus gesagt: „Du bist Petrus, und auf diesem Felsen will ich meine Kirche bauen, und die Pforten der Hölle werden sie nicht überwältigen. Die Schlüssel des Himmelreiches will ich dir geben. Was immer du auf Erden binden wirst, das wird auch im Himmel gebunden sein."

Im Blick auf Petrus, so wie er im Ganzen des Neuen Testaments dargestellt wird, erscheint sein Name – er bedeutet Fels – als eine unangemessene Übertreibung. Petrus ist wankelmütig, einmal begeistert und dann wieder furchtsam. Die Evangelien berichten ohne Beschönigung über seine Fehler, und doch ist er zum Hauptapostel berufen, und dieser Auftrag wird nicht zurückgenommen. Gott schreibt gerade auch auf krummen Zeilen. Am Ende tritt der zum Menschenfischer gewordene Fischer aus Galiläa ganz ein in die Nachfolge Christi bis zum Tod und wird so erst recht zum Fels, zu einem vorrangigen Teil jenes Fundaments, über dem sich der Bau der christlichen Weltkirche erhebt.

Paulus

Ein Schwert und drei Quellen

Weithin hat man davon Abstand genommen, Legenden generell gering zu schätzen. In vielen von ihnen verbirgt sich ja eine kostbare Wahrheit. Eine solche Legende erzählt vom Tod des Apostels Paulus, der in Rom in der Regierungszeit des Kaisers Nero als Zeuge des christlichen Glaubens hingerichtet wurde. Paulus starb durch das Schwert. Ein Tod durch Kreuzigung, wie er dem Apostel Petrus beschieden war, konnte Paulus nicht angetan werden, weil er römischer Bürger war.

Eifernd für den jüdischen Glauben, hatte der Pharisäerschüler Saulus die jungen Christengemeinden nach Kräften verfolgt, bis ihm in einer Vision der auferstandene Christus erschien und ihm die wendende Frage stellte: „Saul, Saul, warum verfolgst du mich?" So verwandelte sich Saulus zu Paulus, der Feind der Christen zum Apostel Jesu Christi. Mit ungeheurer Dynamik reiste er von nun an durch Kleinasien und Griechenland, predigte und gründete christliche Gemeinden, denen er durch seine Briefe verbunden blieb. Dazwischen führte ihn eine Reise nach Jerusalem, wo er den von Jesus Jahre vorher in Galiläa berufenen Aposteln begegnete, unter ihnen vor allem Petrus und Jakobus.

In der Überzeugung, dass das Evangelium Christi nicht den Juden vorbehalten bleiben dürfe, predigte er besonders auch den Heiden. Daher wurde er von Juden, die ihn für einen gefährlichen Irrlehrer hielten, mit von Hass erfülltem Eifer verfolgt. Bei seinem zweiten Aufenthalt in Jerusalem führte dies zu einem großen Aufruhr. Paulus wäre erschlagen worden, wenn die aus römischen Soldaten rekrutierte Tempelwache nicht eingeschritten wäre. Man brachte ihn nun zur Residenz des römischen Statthalters Felix in Caesarea, und er verblieb dort zwei Jahre in milder Haft. Dessen Nachfolger Festus

wurde neuerlich mit erbitterten Anklagen gegen Paulus durch Juden aus Jerusalem konfrontiert.
Paulus appellierte nun an das Gericht des Kaisers in Rom und wurde, begleitet von einem Soldaten, dorthin auf die Reise geschickt. Die Apostelgeschichte des Neuen Testaments erzählt viel über die Mühsal dieser Schiffsreise. In Rom wurde der Apostel entsprechend dem römischen Recht in einem Einzelverfahren verurteilt und vielleicht im Jahr 56, jedenfalls aber noch vor der Massenverfolgung römischer Christen im Jahr 64 hingerichtet.
Die eingangs erwähnte Legende erzählt, das durch das Schwert vom Leib getrennte Haupt des Apostels sei dreimal auf dem Boden aufgeprallt, und bei jedem Aufprall sei eine Quelle entsprungen. Der mit diesem legendären Geschehen verbundene Ort trägt daher den Namen *Tre Fontane,* das bedeutet „Drei Quellen". Seit dem achten Jahrhundert führen dort Mönche ihr geistliches Leben. Heute sind es Trappisten.
In der Legende von *Tre Fontane* verbinden sich zwei Symbole, die man als Schlüssel zum Wesen und Wirken des Apostels Paulus verstehen kann. Es sind dies das Schwert und die Quelle. Das Schwert erscheint hier als ein Werkzeug des Leidens und des Todes. Mehr noch als die anderen Apostel war Paulus ein Leidender. Im zweiten Korintherbrief hat er litaneiartig aufgezählt, was ihm auf seinem Weg in der Nachfolge Christi an Bedrückendem widerfahren ist: Gefängnis, Auspeitschung, Steinigung. Als Schiffbrüchiger treibt er eine Nacht und einen Tag auf einer Planke im Meer. Gefahren durch Räuber, Vertreter seines ehemaligen jüdischen Glaubens sowie Heiden und manche Mitchristen, die er als „falsche Brüder" bezeichnet, sind ihm auferlegt. Hunger, Durst, Kälte und Blöße plagen ihn. Hinzu kommt eine nicht

näher erklärte Krankheit als „Stachel im Fleisch". In all dem überkommt ihn aber immer wieder eine große Freude als Geschenk von Gott. Mystische Erfahrungen werden ihm zuteil, eine „Entrückung in den dritten Himmel". So kann er in paradoxer Sprache sagen: „Die Kraft wird in der Schwachheit vollendet. Und so will ich mich lieber meiner Schwachheiten rühmen, damit die Kraft Christi mich erfassen kann. Darum freue ich mich in Schwachheiten, in Misshandlungen, in Nöten, in Verfolgungen, in Ängsten um Christi willen. Denn wenn ich schwach bin, dann bin ich stark."

Die Leiden des Paulus werden in paradoxer Umkehr zu einer Quelle von geistlicher Freude, geistlicher Kraft. Die Legende von *Tre Fontane* sagt dies in bewegender Bildhaftigkeit: Der gewaltsame Tod des Apostels beendet nicht sein unsäglich fruchtbares Wirken für die Kirche, das einer reichlich fließenden Quelle geglichen hat, sondern vertieft und vermehrt noch diese Fruchtbarkeit. An der Stelle, wo eine Quelle gewaltsam verschüttet wird, entspringen drei neue.

Die Steine des Stephanus

Wie ein riesiger steinerner Zeigefinger weist der Südturm des Wiener Stephansdomes inmitten der ihn umgebenden Bauten zum Himmel. Mit der gotischen Domkirche, der er zugehört, erinnert er an einen jungen Mann namens Stephanus, der als erster Christ wegen seines Glaubens an Jesus Christus und seinem Bekenntnis zu ihm getötet worden ist.

Das Neue Testament berichtet in der Apostelgeschichte, dass Stephanus einer jener sieben Männer war, die von der christlichen Urgemeinde in Jerusalem auf Vorschlag der zwölf Apostel gewählt wurden, um sozial-karitative Aufgaben zu erfüllen. Alle trugen griechische Namen, waren also Christen nicht jüdischer, sondern griechisch-heidnischer Herkunft. Der als Erster genannte Stephanus hatte im Kreis dieser sieben Männer wohl eine ähnlich führende Stellung wie Petrus im Kreis der zwölf Apostel. Die Apostel legten ihnen unter Gebet die Hände auf. Dieser Ritus der Amtseinführung ist seither in den christlichen Kirchen in Gebrauch.

Stephanus, ein Mann voll des Glaubens und des Heiligen Geistes – so beschreibt ihn der biblische Text –, tritt in der Folge aber nicht als Armenpfleger der Urgemeinde in Erscheinung, sondern als begeisterter und begeisternder Verkünder des Glaubens in Predigt und theologischem Streitgespräch. Er vollbrachte auch viele Wundertaten. Sein Reden über Christus war eine neue Lehre und rief bald Gegner auf den Plan. „Sie waren“, sagt die Apostelgeschichte, „der geistlichen Weisheit, mit der er sprach, nicht gewachsen.“ Der Evangelist Lukas, Verfasser der neutestamentlichen Apostelgeschichte, hat in diesem Buch eine große, großartig aufgebaute Stephanus-Rede komponiert, die in dramatischer Zuspitzung erklären will, warum Stephanus infolge dieser Predigt als Zeuge für Jesus Christus gesteinigt worden ist. Das trotz aller bleibenden Gemeinsamkeiten mit dem Judentum Neue am Christentum kommt hier kristallklar und zur Nachfolge aufrufend zur Sprache. Die ablehnende Reaktion der erzürnten jüdischen Hörer wird dramatisch beschrieben: „Sie empfanden einen wütenden Schmerz im Herzen und knirschten vor Wut mit den Zähnen. Sie hielten sich die Ohren zu, fielen wie ein Mann über ihn her, warfen ihn zur Stadt hinaus und steinigten ihn. Er kniete nieder und rief mit lauter Stimme: ‚Herr, rechne ihnen diese Sünde nicht an!' Mit diesen Worten verschied er."

Trotz und wegen der Verfolgungen der frühen Christen, die mit der Tötung des Stephanus begannen, erstarkte das junge Christentum. „Das von den Märtyrern vergossene Blut ist der Same, aus dem neue Christen wachsen", hat später der christliche Schriftsteller Tertullian gesagt. Die Steine, mit denen Stephanus erschlagen wurde, um seine Lehre und seine Gemeinschaft zu vernichten, sind so in paradoxer Umkehr dieser Absicht Bausteine für die Kirche geworden: für die Kirche als ein Gefüge aus Menschen, aus lebendigen Steinen. Daran erinnern auch die vielen Kirchen Europas, die den Namen des Stephanus tragen: unter ihnen die Domkirchen in Wien, Passau, Regensburg und die großartige Kathedrale von Bourges in Frankreich.

Das Geheimnis des Judas

„Da warf er die Silberlinge in den Tempel, entwich, ging davon und erhängte sich“, berichtet das Matthäusevangelium über Judas Ischarioth. Dem Schweizer Schriftsteller Walter Nigg sind zahlreiche meisterliche Bücher über christliche Heilige zu verdanken. Ein dazu komplementäres Buch trägt den Titel *Große Unheilige.* Darin findet sich auch ein Kapitel über den Apostel Judas, von dem die Evangelien des Neuen Testaments berichten, dass er Jesus Christus verraten hat.

Das Wort „groß“ in Verbindung mit dem Wort „Unheiliger“ verweist auf die Überzeugung des Hagiographen Nigg, dass Judas mehr war als ein habsüchtiger, selbstsüchtiger Bösewicht von kleinem Format. Wäre er in seinem Wesen nicht auf Großes angelegt gewesen, dann hätte Jesus ihn wohl nicht in die Schar der zwölf Apostel, also in den innersten Kreis seiner Jünger berufen.

Die Urteile der Evangelisten über den Mann aus Kariot, den einzigen der Apostel, der nicht aus Galiläa, der Heimat Jesu, stammte, steigern sich in ihrer Negativzeichnung von Markus bis zu Johannes. Walter Nigg drängt darauf, diese Aussagen reichlich zu bedenken, denn es sei für die Evangelisten wahrscheinlich unmöglich gewesen, über den Verräter Judas aus objektivierender Distanz zu schreiben, weil so ungemein schwerwiegende Ereignisse zwischen ihnen vorgefallen waren. Die Tat des Mannes aus Kariot war ein geheimnisvolles Ineinander von göttlichem Willen und freier menschlicher Entscheidung. „Musste nicht der Messias leiden, um so in seine Herrlichkeit einzugehen?“, fragt der auferstandene Christus die beiden Jünger auf dem Weg nach Emmaus. War „Judas gezwungen, zu verraten, um die Schrift zu erfüllen“, fragte sich die Schriftstellerin Marie Noël als Kind erschrocken. Zwingt Gott so? Christen können das nicht glauben. Viele Christen haben im Laufe der Jahrhunderte die Frage nach dem ewigen Heil des Judas für offen gehalten, obwohl das Johannesevangelium ihn als Dieb und Betrüger darstellt, als verloren gegangenen „Sohn des Verderbens, damit sich die Schrift erfüllt". Lukas bezeichnet ihn als Werkzeug des Satans im Kampf mit Gott.

Matthäus berichtet von der Reue des Verräters über seine Tat: „Als Judas, der ihn ausgeliefert hatte, daraufhin sah, dass er verurteilt war, reute es ihn. Und er wandte sich mit den dreißig Silberlingen zu den Hohepriestern und Ältesten und sagte: ‚Gesündigt habe ich, unschuldig Blut habe ich ausgeliefert.' Sie aber sprachen: ‚Was geht das uns an? Sieh du zu!' Da warf er die Silberlinge in den Tempel, entwich, ging davon und erhängte sich."

Wer war also Judas? Nur ein Dieb oder ein enttäuschter Bewunderer Jesu oder gar einer, der Jesus durch die Auslieferung an seine Feinde herausfordern wollte, durch ein Wunder seine volle Macht zu erweisen und ein Messias gemäß den politischen Erwartungen des Judas und vieler anderer zu werden? Diese Fragen bleiben zuletzt offen.

Von mystischer Liebe ergriffene Christen haben auch um das ewige Heil des Judas gebetet und tun es vielleicht auch heute in der Überzeugung, dass alle Gebete, gleichviel in welcher Zeit gesprochen, in der die ganze Weltgeschichte umfassenden Heilsordnung Gottes ihren Sinn und ihre Kraft haben.

Im Roman *Jeder Mensch in seiner Nacht* von Julien Green liest ein Mann einem anderen aus der Bibel vor: „Dieses aber sind die Namen der zwölf Apostel ..." Statt aber Judas als zwölften zu nennen, fügt der Vorleser seinen eigenen Namen ein: „... und James Knight, der ihn verriet." Und schließlich sagt er: „Merken sie sich, ... dass wir alle, wie wir sind, unseren Namen statt den Namen des Judas einfügen könnten. Haben Sie sich darüber nie Gedanken gemacht?"

Johannes der Täufer und der Tanz der Salome

Propheten leben gefährlich, und die meisten von ihnen sterben nicht friedlich in einem Bett. Dies gilt auch für Johannes, den Täufer. In christlicher Sicht ist er der letzte Prophet der vorchristlichen Zeit und zugleich ein Mann, der mit seiner ganzen Existenz auf Jesus Christus hinweist. Am ergreifendsten ist dies in der Karfreitagsszene des Isenheimer Altares von Matthias Grünewald dargestellt. Der Täufer steht hier neben dem hoch aufragenden Kreuz Jesu Christi, zeigt mit expressiv verlängertem Zeigefinger auf den Gekreuzigten und bringt so zum Ausdruck, was – vom Maler auf ein Spruchband geschrieben – auf diesem Bild zu lesen ist: „Christus muss wachsen, ich aber muss mich mindern."

Es ist eine dürftige Zeit und zugleich eine Wendezeit, in welcher der Ruf Gottes an Johannes ergeht. Dieser Ruf lässt ihn selbst zum Rufer werden. So erfüllt er die Weissagung des Propheten Jesaia: „Eine Stimme ruft in der Wüste: Bereitet dem Herrn den Weg, ebnet ihm die Straßen!"

Der Ort des Johannes ist die Wüste, jene Landschaft, in der auch Jesus vor dem Beginn seines öffentlichen Wirkens verweilt. Viele Menschen aus Jerusalem und aus der Umgebung kommen zu ihm, um sein Wort zu hören, ihre Sünden zu bekennen und eine Bußtaufe zu empfangen. Eine Jüngergemeinde sammelt sich um ihn. Auch Jesus sucht ihn auf und beugt sich unter die taufende Hand des Johannes. Einige Jünger des Täufers werden zu Jüngern Jesu.

Herodes, der politische Machthaber in der Provinz Galiläa, fürchtet den Täufer und seinen Einfluss auf das Volk. Der Fürst hat entgegen dem jüdischen Gesetz Herodias, die Witwe seines Bruders, geheiratet. Johannes hält ihm dieses Unrecht öffentlich vor und bleibt zunächst unbehelligt. Herodias aber will sich rächen. Ihre Tochter Salome be-

zaubert den Stiefvater bei einem Fest zu seinem Geburtstag durch einen Tanz so sehr, dass er ihr die unbedingte Erfüllung eines Wunsches verspricht, auch wenn sie die Hälfte seines Reiches verlangen würde. Von ihrer Mutter Herodias dazu angestiftet, verlangt sie den Tod des Täufers und die Präsentation seines Hauptes auf einer silbernen Schüssel. Herodes erfüllt, wenn auch ungern, weil in Furcht vor dem Volk, diesen Wunsch.
In der Einsamkeit des Kerkers endet das Leben dieses großen Mannes, der dennoch nichts sein wollte als ein Verweis auf einen Größeren. „Er war nicht das Licht, er sollte nur Zeugnis geben vom Licht", sagt der ungeheuer sprachmächtige Prolog des Johannesevangeliums über den Täufer. „Ich bin nicht der Messias, ich bin nur gesandt, vor jenem herzugehen. Wer die Braut hat, ist der Bräutigam. Der Freund des Bräutigams, der dabei steht, freut sich herzlich ...", sagt der Täufer ebenfalls im vierten Evangelium von sich selbst.
Im Bewusstsein der Christenheit ist Johannes immer sehr lebendig geblieben. Dies gilt vor allem für die Ostkirche. Viele ihrer Ikonen zeigen seine mächtige asketische Gestalt, die auf Christus hinzeigt.

Ovid: Philemon und Baucis

Verwandlung im Tod

Ovid, der im Jahre 43 v. Chr. in Sulmona geboren wurde und 18 n. Chr. als von Augustus Verbannter in Tomis am Schwarzen Meer starb, war der nach Vergil wohl bedeutendste Dichter der römischen Antike. Liebenswürdig, aber auch leichtsinnig war er im überfeinerten Genussleben der Weltstadt Rom verfangen. Als Meister des epischen und elegischen lateinischen Verses blieb er unerreicht. Die Eleganz seiner Form hatte unter anderem auch Einfluss auf das Werk Dantes, Shakespeares und Goethes. Die Frivolität seines Lebenswandels oder einiger seiner Schriften war Ursache für seine Verbannung, die er bitter und zuweilen jämmerlich beklagte. Sein Hauptwerk sind die fünfzehn Bücher der *Metamorphosen*. Zehn Jahre hat er daran gearbeitet, indem er auf ungefähr 250 Mythen und Märchen Bezug nahm, die alle mit einem Wandel der Gestalt, also einer Metamorphose enden.

Der Dichter wollte die Geschichte der Welt erzählen, vom Chaos des Anfangs über zahllose Verwandlungen bis zur strengen Ordnung des römischen Imperiums, deren Verletzung ihm ein lebenslanges Exil eintrug. Letzteres begann bald nach der Vollendung seiner *Metamorphosen,* eines nach antikem Maßstab riesigen Werkes.

Ovid hat diesem Werk im letzten Kapitel Dauer vorhergesagt. Er war gewiss, dass weder Jupiters Zorn noch Schwert und Feuer oder „das gefräßige Alter“ es zerstören könnten. Und wenn sein „flüchtiges Dasein“ im Tod beendet wäre, werde er sich mit dem besseren Teil seines Selbst auf ewig über die Sterne erheben: „Unzerstörbar wird bleiben mein Name ... Ist etwas Wahres am Wort der Seher – im Ruhme (werde) ich leben“, sagt er in der letzten Zeile des so gepriesenen Werkes.

Anders als in der *Aeneis* des Vergil erkennt Ovid in den *Metamorphosen* keine sinnvolle göttliche Weltordnung. Im Wandel von Natur und

Geschichte bleibt für ihn nur die Psyche des Menschen konstant, die – wie Niklas Holzberg angemerkt hat – von negativem Machtstreben und zerstörerischer sexueller Leidenschaft beherrscht wird. Beides zeigt sich auch bei den olympischen Göttern, die in ihren Schwächen den Menschen gleichen.

Vor diesem weithin düsteren Hintergrund stellen sich Erzählungen wie die über das greise, kinderlose Ehepaar Philemon und Baucis umso leuchtender dar. Jupiter und Merkurius, die als Wanderer in menschlicher Gestalt an den Schwellen von tausend Häusern abgewiesen worden sind, werden von den beiden Alten mit berührender Gastfreundschaft aufgenommen.

Bei der Beschreibung der Speisen aus Haus und Garten und ihrer Zubereitung zum Gastmahl zeigt sich die poetische Meisterschaft des Ovid. Als der Wein im Krug nicht ausgeht, erkennen die Gastgeber, dass Götter als Gäste eingekehrt sind. Nun wollen sie auch noch die Gans, die „Wächterin des winzigen Landsitzes", schlachten. Die Götter verbieten dies. Sie lassen die Häuser der Stadt, wo sie abgewiesen worden sind, in einer Flut versinken, verwandeln die Hütte der Gastgeber in einen prächtigen Tempel und machen die beiden Alten zu priesterlichen Hütern des heiligen Hauses. Aufgefordert, einen Wunsch an die Götter auszusprechen, bitten diese darum, in derselben Stunde sterben zu dürfen. Sie leben dann noch lange. Als sie aber uralt und entkräftet vor den Tempelstufen stehen, wird Philemon in eine Eiche und Baucis in eine Linde verwandelt. „‚So leb denn wohl, mein Gemahl!', so riefen sie zugleich, zugleich auch bedeckte Astwerk den sprechenden Mund", so beschreibt Ovid ihr Ende und beschließt die Erzählung mit den Versen: „Es zeigt der thynaeische Landmann heute die Stämme noch gern, in die ihre Lei-

ber verwandelt. Glaubwürdige Greise – wozu auch sollten sie trügen – haben so mir erzählt."
Der Römer Ovid weiß nichts von einem ewigen Leben der Menschen bei Gott als Konsequenz eines rechtschaffenen irdischen Lebens. Der Mythos von der Verwandlung zweier solcher Menschen in herrliche Bäume ist aber eine Lichtspur der Hoffnung gegen einen universalen Triumph des Todes.

Cicero

Ein vergeblicher Kampf für die Römische Republik

Der antike Römer Marcus Tullius Cicero war ebenso ein herausragender Staatsmann wie ein großartiger Redner und ein Philosoph, dessen Wirkungsgeschichte bis in die Gegenwart reicht. Mit Recht konnte der deutsche Philosoph Dilthey sagen, Cicero habe wie kaum ein anderer „die weithin herrschenden europäischen Überzeugungen geprägt". Sein philosophisches Werk war allerdings seinem politischen Wirken nachgeordnet. Er hätte wohl in einem Bett sterben können, wenn er sich nicht in einer Wendezeit der Geschichte des Römischen Imperiums politisch extrem positioniert hätte.

Nach der Ermordung des Gaius Julius Caesar im Jahre 44 vor Christus bemühte sich Cicero, der aus dem politischen Leben für längere Zeit verdrängt gewesen war, um eine Rückkehr in dieses Wirkungsfeld. Er machte sich zum Sprecher einer „republikanischen Front", die den Staat vor einer neuerlichen und dann vielleicht endgültigen Alleinherrschaft eines Cäsar bewahren wollte. Dazu galt es, den jungen und ehrgeizigen Konsul Marcus Antonius zu bekämpfen, der sich des Erbes Caesars zu bemächtigen suchte, vorbei am proklamierten Erben Octavian, dem späteren Kaiser Augustus. Cicero hielt vor dem römischen Senat bzw. vor der Volksversammlung vierzehn so genannte *Philippische Reden* gegen Marcus Antonius und verzichtete dabei nicht auf Gehässigkeiten. Vorbild waren ihm dabei die großen Reden des Griechen Demosthenes gegen König Philipp II. von Makedonien. Die Macht seines Wortes wurde für Cicero schließlich zur Ursache seines Todes. Auf der Flucht vor den Häschern des Marcus Antonius wurde er in einer Sänfte getragen. Als er den Kopf aus diesem Transportmittel herausstreckte, um nach den Verfolgern zu blicken, enthauptete ihn einer der Soldaten. Der Kopf und die Hände des Philosophen wurden dann auf der Rednertribüne des Forum Romanum als Zeichen des Triumphes über die „republikanische Allianz" zur Schau gestellt. Octavian hatte, so wird berichtet, drei Tage mit sich gerungen, bevor er dem Drängen des Antonius auf die Ermordung Ciceros zugestimmt hatte.

Die Initiative Ciceros zur Rettung der Republik war zum Scheitern verurteilt, weil die überkommene Staatsform in der Zeit vor Caesar ihre Unfähigkeit erwiesen hatte, die neuen Probleme eines groß gewordenen Reiches zu lösen. Diese Probleme ergaben sich insbesondere aus der Proletarisierung der besitzlosen Massen und aus den Schwierigkeiten für eine zentrale Verwaltung des Imperiums. Cicero scheiterte als Staatsmann. Groß war hingegen sein Einfluss als Schriftsteller mindestens bis ins 18. Jahrhundert. Seine philosophischen Schriften werden erst in jüngster Zeit wieder gebührend gewürdigt. Mit seinen Reden – unter ihnen die heute noch sogar Gymnasiasten bekannten Reden gegen den politischen Verschwörer Catilina – schuf er eine neue lateinische Kunstsprache. Als Philosoph war er Vermittler zwischen den jungen Philosophen Griechenlands und römischen Traditionen und als solcher durch seine Fähigkeit zur Synthese auch originell. Bedeutsam sind seine Naturrechtslehre und seine Schriften zur Politik. Einzigartig ist das umfangreiche Korpus seiner ungefähr achthundert Briefe, die Dokumente seiner Biographie sowie der Politik und Kultur seiner Epoche darstellen.

Das Thema „Tod" kommt in seinem Werk insbesondere in den fünf philosophischen Dialogen zur Sprache, die im Jahr 45 auf seinem Landgut in der Villenstadt Tusculum bei Rom im Freundeskreis des Gastgebers geführt wurden. Sie tragen den Titel *Tusculanae Disputationes* und widmen sich der Bewältigung von Schmerz und der Bewährung im Leid. Im vorausgehenden Jahr war seine Tochter Julia gestorben, und dieser Verlust bewegte ihn tief. Die antike Götterwelt war ihm völlig verblasst, metaphysischer Trost nicht gegeben. Es blieb das altrömische Ideal der Selbstbeherrschung, verbunden mit dem Ideal der Unerschütterlichkeit, wie es der griechisch-philosophischen Schule der Stoa eigen war.

Cicero hat viel später das Leben und Denken der europäischen Renaissance und Aufklärung stark geprägt. Vorher wurden die lateinischen Kirchenväter von ihm nachhaltig beeinflusst. So verdankt ihm auch Augustinus, der im Jahr 430 verstorbene Bischof von Hippo in Nordafrika, das Wesentliche an seiner rhetorischen und philosophischen Bildung.

„Philosophieren heißt, den Tod bedenken“, hatte der römische Philosoph in den *Tusculanae Disputationes* gesagt. Politisch tätig sein, wie er es getan hat, heißt, gefährlich leben, kann man dieser Aussage hinzufügen. Cicero hat dafür mit seinem Leben bezahlt.

Der Tod des Vergil

In der kalabrischen Hafenstadt Brundisium, die heute den Namen Brindisi trägt, starb am 21. September des Jahres 19 vor Christus Vergil, mit vollem lateinischen Namen Publius Vergilius Maro genannt, der größte Dichter der römischen Antike und der neben Homer größte Dichter der griechisch-römischen Antike überhaupt, in seinem 52. Lebensjahr. Er hatte in diesem Jahr beschlossen, sich für längere Zeit nach Griechenland und Kleinasien zurückzuziehen, um sein drittes und größtes Hauptwerk, die *Aeneis,* zu vollenden und um sich später ganz frei der Philosophie widmen zu können. In Athen traf er aber auf den aus dem Orient nach Rom reisenden und ihm besonders verbundenen Kaiser Augustus und beschloss, mit diesem nach Rom zurückzukehren. Unterwegs erkrankte er schwer. Als er in Brundisium am Sterben war, verlangte er, dass seine unvollendete *Aeneis* verbrannt werde. Dieser Wunsch wird damit erklärt, dass der Norditaliener Vergil ein langsam schaffender, ernster, fast linkischer Mensch vom Lande war, der von sich zu sagen pflegte, er gebäre seine Verse wie eine Bärin, die ihre in hässlicher Gestalt zur Welt gebrachten Jungen erst durch vieles Lecken in eine schöne Form bringe.

Die *Aeneis* war an manchen Stellen noch nicht so weit gediehen, und der Dichter wollte der Nachwelt keinen Torso hinterlassen. Der ihm sehr verbundene Kaiser Augustus verhinderte aber die Vernichtung dieses großen Werkes, das neben den *Bucolica* und den *Georgica* Vergils bleibenden Ruhm begründet hat. Am Rand einer Straße bei Neapel wurde ihm ein Grab errichtet, dessen Inschrift er selbst gedichtet hatte. In Gestalt eines Distichons ist sie ein meisterlich knapper Hinweis auf seine Biographie und sein Werk und lautet ins Deutsche übersetzt:

Mantua gab mir das Leben,
Kalabrien nahm es,
Neapel birgt mich;
Weiden besang, Felder und Führer mein Lied.

In diesem Distichon verweisen die Weiden auf die *Bucolica,* die Hirtengedichte des Vergil. Die Felder sind ein Hinweis auf seine *Georgica,* die Lieder vom Landbau, und die Führer sind ein Hinweis auf die unsäglich mühsame und doch gesegnete mythische Reise des Ahnherrn Aeneas von Troja über Karthago nach Rom. Die Reihenfolge dieser Aufzählung entspricht der Chronologie des Entstehens dieser drei herrlichen Dichtungen.

Im 20. Jahrhundert hat der Schriftsteller Hermann Broch die große Romandichtung *Der Tod des Vergil* geschaffen. Sie entstand in den Krisenjahren 1939 bis 1945. Broch fragt nach der Situation und Aufgabe eines Dichters in einer Spätzeit. Er versetzt sich dabei fiktiv Jahrhunderte zurück in die Zeit und Situation des Vergil und spricht angesichts einer verwundeten Welt dem Ästhetischen das Daseinsrecht ab. Diese Welt brauche tätige Hilfe und keine Gedichte. Aus dieser Einsicht entspringt bei Broch der Entschluss des Dichters, seine *Aeneis* zu verbrennen, als ein Werk der Sühne. Im Gespräch mit Cäsar Augustus, seinem Freund, erkennt er aber, dass zum Opfer auch Demut und Liebe gehören. So überlässt er das ungeglättete Werk der Nachwelt.

Brochs dichterisch freier Umgang mit Person und Werk des Vergil verstellt aber wohl die wahren Motive des Dichters, die ihn angesichts des Todes zur Zerstörung eines unvollendeten Werkes gedrängt haben. Glücklicherweise ist es dennoch erhalten geblieben und zählt zu den größten Kostbarkeiten des Geistes, die der Menschheit geschenkt sind.

CAESAR

Die Iden des März

Am 15. März des Jahres 44 vor Christus ist der römische Imperator Gaius Julius Caesar als Opfer einer politischen Verschwörung ermordet worden. Ein meisterhafter Roman des Amerikaners Thornton Wilder aus dem Jahr 1948 über diesen Feldherrn und Staatsmann trägt das später sprichwörtlich gewordene Datum dieses Todes in seinem Titel. Er lautet *Die Iden des März*. Im antik-römischen Kalender nannte man den dreizehnten Tag des Monats *Iden*. Davon ausgenommen waren die Monate März, Mai, Juli und Oktober, in welchen diese *Iden* auf den fünfzehnten Tag fielen.

„Das Quellenmaterial über Caesar ist reichlich vorhanden, aber es ist oft rätselhaft und von politischem Vorurteil verzerrt“, sagt Wilder in der Einleitung zu seinem Buch und hat daher die meisten Texte, die als Bausteine seines „historischen“ Romans fungieren, selbst erfunden. Am Ende des Buches steht aber ein antiker Text aus dem *Leben der Caesaren*, einem Werk des römischen Geschichtsschreibers Sueton, der über den Tod Caesars auf bewegende Weise Auskunft gibt.

Sueton schreibt: „Sobald er sich setzte, umdrängten ihn die Verschworenen, und Tillius Cimber, der sich an ihre Spitze gestellt hatte, trat dicht an ihn heran, als wollte er eine Frage an ihn richten. Caesar suchte ihn mit einer Gebärde in einiger Entfernung zu halten, aber Cimber ergriff seine Toga auf beiden Achseln. Als Caesar ausrief: ‚Dies ist ja Gewalt!‘, stieß ihm einer der beiden, Casca, der an seiner Seite stand, einen Dolch dicht unterhalb der Kehle in die Brust. Caesar fasste Cascas Arm und durchbohrte ihn mit seinem Schreibgriffel, aber als er aufzustehen versuchte, wurde er durch einen zweiten Dolchstoß niedergehalten. Da er sah, dass er von gezückten Dolchen ganz umringt war, hüllte er sein Haupt in die Toga und zog zugleich deren Falten mit der Linken auf die Füße hinab, damit, wenn er fiele, der untere Teil seines Körpers schicklich bedeckt wäre."

Der sterbende Imperator nahm durch den Gestus des Sich-Verhüllens eine Würde in Anspruch, die von seinen Feinden in dieser Situation nicht geachtet wurde, aber ein Element der römisch-antiken Kultur war. Tote, auch tote Feinde waren in gewissem Maße geschützt durch eine Barriere von Respekt, deren Beseitigung das Schamgefühl verletzt hätte.

Der Bericht des Sueton über Caesars Tod schließt mit folgender Schilderung: „Auf diese Weise empfing er dreiundzwanzig Wunden. Er sagte kein Wort, sondern stöhnte nur bei dem ersten Dolchstoß, doch haben manche Schriftsteller behauptet, dass er, als Marcus Brutus sich auf ihn stürzte, auf griechisch ausrief: ‚Auch du, mein Sohn!' Alle Verschworenen entfernten sich eilig, und so lag er einige Zeit leblos da. Endlich hoben ihn drei gemeine Sklaven auf eine Sänfte und trugen ihn nach Hause, wobei einer seiner Arme über den Rand herabhing. Und von all den vielen Wunden war, wie der Arzt Antistius sagte, nur die zweite, in der Brust, tödlich."

Für die heutige Gesellschaft, in welcher die Würde von Menschen oft durch einen schamlosen Voyeurismus verletzt wird, kann die Erinnerung an Caesars Selbstverhüllung im Tod ein läuternder Impuls sein.

Caesar tröstet Catull

Odi et amo … –

Hassen und Lieben, warum ich es tue, das magst du wohl fragen.
Weiß ich's doch nicht, nur wie's tut, fühl ich und hänge am Kreuz.

In diesem bekannten elegischen Distichon hat Gaius Valerius Catullus, kurz Catull genannt, einer der bedeutendsten Dichter des ersten vorchristlichen Jahrhunderts, die Disharmonie seiner Existenz zur Sprache gebracht. Er lebte in einer Zeit großer politischer und geistiger Veränderungen. Literaturhistoriker bestaunen seine einzigartige Fähigkeit, ohne Pathos noch feinste Bewusstseinsregungen auszudrücken und sich dabei überdies fast spielerisch an strenge, oft komplizierte Versmaße zu binden.
Unstillbare, unglückliche Liebe, zumal bezogen auf Clodia Pulcher – die Schwester des Bandenführers, Volkstribuns und großen Feindes des Cicero –, ist eines der Hauptthemen im dichterischen Werk des Catull. Die Politik beeinflusste er vor allem durch höhnische Angriffe gegen die politische Prominenz seiner Zeit, besonders gegen Caesar, Cicero und Pompeius. Clodia Pulcher verband auf für damals einzigartige Weise Schönheit und Geist, Laszivität und Kunstsinn. Sie war Mittelpunkt großer Skandale und gestaltete ihr Haus als Zentrum römischer Boheme und Avantgarde.
Der Schriftsteller Thornton Wilder hat in seinem großartigen Roman *Die Iden des März,* der über Caesar handelt, einleitend gesagt: „Historische Rekonstruktion ist nicht eine der Hauptabsichten dieses Werks. Man könnte es vielleicht eine Fantasie über gewisse Ereignisse und Personen aus den letzten Tagen der Römischen Republik nennen … Alle Dokumente sind frei erfunden, mit Ausnahme der Gedichte Catulls und der letzten, aus Suetons ‚Leben der Caesaren' entnomme-

nen Eintragung." Dieser Roman enthält auch einen erfundenen Brief der Gemahlin des Cornelius Nepos an ihre Schwester. Sie erzählt über den Tod des Catull, der sich in ihrem Haus ereignet habe. Die Ursache seines Todes sei eigentlich Clodia Pulcher gewesen: „Nachdem sie ihn drei Jahre lang durch alle Wege der Hölle geführt hatte, wurde sie plötzlich ganz Güte, und das ist die Art und Weise, wie sie ihn getötet hat. Sie erschien nie selber, aber jeden Tag kamen Briefe, Geschenke ... Und zweimal täglich ließ sie sich nach seinem Befinden erkundigen ... Als die Tage vergingen und sie nicht selber erschien, konnten wir sehen, dass er aller Hoffnung auf Genesung entsagte und sich in den Tod gleiten ließ ... Ich fand ihn bewusstlos in einer großen Lache von Gallenflüssigkeit liegen ..."
Der fingierte Brief erzählt weiter, dass Caesar selbst gegen zehn Uhr nachts an das Sterbebett des Dichters kam. Er hatte sich von einem Staatsempfang für die ägyptische Königin Cleopatra weggestohlen. Catull schmähte ihn, nannte ihn „Räuber der Freiheit", „Mörder der Republik" und wies ihn aus dem Zimmer. Caesar nahm alles schweigend hin, war dabei aber „bleich wie ein Geist". Nach zwei Stunden kehrte er wieder. Catull sei nun mit ihm versöhnt gewesen, habe aber weinend geschrien, dass er sein Leben und Dichten um die Gunst einer Dirne vergeudet habe. Caesar habe dann die Clodia Pulcher gepriesen, als sei sie eine Göttin. Der Dichter litt keine Schmerzen, wurde aber immer schwächer und hörte auf die Worte Caesars. Wenn dieser schwieg, berührte er ihn am Handgelenk, wie um zu sagen: „Sprich weiter, sprich weiter!" Caesar sprach nun von Sophokles, und Catull starb zu einem Chor aus *Ödipus auf Kolonos*. Caesar legte ihm die Münzen auf die Augenlider und entfernte sich, schon im ersten Tageslicht, aber ohne Leibwache.

In Rom hatte man seit langem Geschichten über den Krieg Caesars in Gallien erzählt und dass verwundete Soldaten sich geweigert hätten zu sterben, bevor Caesar seine allabendliche Runde durch das Lager gemacht hatte. Der Amerikaner Thornton Wilder hat in seinem Caesar-Roman auch solcher antiker Sterbekunst ein Denkmal gesetzt.

SOKRATES

Ein Hahn für den Asklepios

„Dies war das Ende unseres Freundes, des Mannes, der nach unserem Urteil von allen seinen Zeitgenossen, die wir erprobt haben, der edelste, verständigste und gerechteste war.“ Mit diesen Worten schließt der Bericht über den Tod des Philosophen Sokrates in einem der Bücher seines Schülers Platon, das den Titel *Phaidon* trägt. Sokrates selbst hat keine schriftliche Zeile hinterlassen. Er hatte seine Lehrtätigkeit ausschließlich als unmittelbare Einwirkung auf seine Mitmenschen in Gespräch und Rede betrieben. Im Jahre 469 vor Christus wurde dieser Sohn eines Steinmetzen und einer Hebamme in Athen geboren und starb dort 399 infolge eines politischen Todesurteils. Er gilt so sehr als Gründergestalt der europäisch-abendländischen Philosophie und Geisteswelt, dass man das ihm vorausgehende Denken einfach als vorsokratisch bezeichnet.

Der für Platon „edelste aller Zeitgenossen“ war von wenig edler Gestalt. Den erlernten Beruf des Steinmetzen vernachlässigte er bald ebenso wie seine Familie. Umgeben von einer bunten Schar von Schülern, von denen viele den einflussreichsten Familien der Stadt entstammten, bewegte er sich auf den Straßen und Plätzen Athens und lehrte Schüler oder auch beliebige Vorübergehende im Gespräch, in einem Frage-und-Antwort-Spiel. Beginnend mit alltäglichen Fragen führte er seine Gesprächspartner konsequent in eine immer größere Tiefe des Denkens, bis sie – oft erschöpft und widerwillig – ihr Nichtwissen einbekannten. „Ich weiß, dass ich nichts weiß“, sagte der Philosoph von sich selbst im Wissen darum, dass dies paradoxerweise eine besonders erhellende Erkenntnis war. Als Sohn einer Hebamme betrachtete Sokrates seine Pädagogik als Hebammenkunst. Er habe nicht selbst Weisheit zu gebären, sondern anderen zur Geburt ihrer Ideen zu verhelfen. Anders als im üblichen Verhältnis von Lehrern und Schülern war Sokrates als Lehrer der Fragende. Seine philosophische Methode wurde für ihn aber nie zum Inhalt von Philosophie. Darin unterschied er sich von den Sophisten, philosophischen Wanderlehrern, deren methodischer Kunstgriffe er sich aber in manchem bediente. Er vertraute einer inneren Stimme, die er *Daimonion* nannte und die ihn zum Guten anhielt.

Sokrates hatte seiner Vaterstadt als tapferer Soldat im Peloponnesischen Krieg gedient. Ebenso tapfer widersetzte er sich in der Volksversammlung als Einziger einer gesetzwidrigen Prozessführung, die zu Todesurteilen führte. In der Auseinandersetzung zwischen den so genannten Demokraten, die sich ebenso wie die aristokratische Partei ohnedies nur aus der Minderzahl der freien Bewohner Athens rekrutierten, und den Aristokraten galt Sokrates als Inspirator dieser zweiten Partei, obwohl er sich nicht an der aktiven Politik beteiligte. Als die Demokraten nach zweimaligem Umsturz wieder die Oberhand erlangten, war das Schicksal des Philosophen besiegelt. Fälschlich angeklagt, neue Götter einzuführen und die Jugend zu verderben, wurde er zum Trinken des tödlichen Giftbechers verurteilt. Er lehnte es ab, um Gnade zu bitten und die ihm angebotene Möglichkeit zur Flucht zu nützen. Seine mutige Verteidigungsrede ist in einer von Platon geformten Fassung überliefert.

Am Ende des Dialogs *Phaidon,* der von der Unsterblichkeit der Seele handelt, berichtet Platon in ergreifender Weise über den Tod des Sokrates. Nachdem dieser seine Familienangehörigen verabschiedet hatte, trank er das Gift. Er mahnte die bei ihm im Kerker verbliebenen Freunde, nicht zu weinen, als sie die sich ausbreitende lähmende Wirkung des Giftes bemerkten.

Platon schreibt: „Als ihm nun schon der Unterleib fast ganz kalt war, da enthüllte er sich, denn er lag verhüllt, und sagte, und das waren seine letzten Worte: ‚O Kriton, wir sind dem Asklepios einen Hahn schuldig, entrichtet ihm den und versäumt es ja nicht!'" Sokrates zählte die Pflichten gegenüber den Göttern zu den Wichtigsten und wollte, dass dies besonders in der Stunde seines Todes nicht vergessen werde. Dazu gehörte ein Opfer an den Halbgott Asklepios, den heilkundigen Sohn des Apollo, der in der antik-römischen Tradition Äskulap genannt wird.

Ein Klagelied des Königs Hiskija

Im 38. Kapitel des Jesajabuches der Bibel wird erzählt, dass Hiskija, eine der hellen Gestalten in der Reihe der Könige von Judäa, durch den Propheten Jesaja im achten vorchristlichen Jahrhundert mit dem Gottesspruch „Bestell dein Haus, denn du wirst sterben" konfrontiert wurde. Nach inständigem Gebet empfing er – ebenfalls durch diesen Propheten – die notwendende Botschaft Gottes: „Ich will deiner Lebenszeit noch fünfzehn Jahre hinzufügen." Als Zeichen dafür sollte der Schatten der Sonne auf der Treppe des Königshauses um zehn Stufen zurückweichen, und dies geschah.
In diese Erzählung ist der Text eines Klageliedes eingefügt, das wohl ohne Zusammenhang mit der Geschichte des Hiskija entstanden ist, aber als Hiskijas Lied vorgestellt wird. Es ist ein Text von dunkler lyrischer Schönheit, gesprochen in Todesnot. Die katholische Kirche gibt ihm Raum in ihrem Stundengebet an einem Freitag. Der Text beginnt mit folgenden Zeilen:

In der Mitte meiner Tage muss ich hinab zu den Pforten
der Unterwelt, man raubt mir den Rest meiner Jahre.
Ich sagte: Ich darf den Herrn nicht mehr schauen
im Land der Lebenden,
keinen Menschen mehr sehen bei den Bewohnern der Erde.
Meine Hütte bricht man über mir ab,
man schafft sie weg wie das Zelt eines Hirten.
Wie ein Weber hast du mein Leben zu Ende gewoben,
du schneidest mich ab wie ein fertig gewobenes Tuch.
Vom Anbruch des Tages bis in die Nacht gibst du mich völlig preis;
bis zum Morgen schreie ich um Hilfe.
Wie ein Löwe zermalmt er all meine Knochen.

Ich zwitschere wie eine Schwalbe, ich gurre wie eine Taube.
Meine Augen blicken ermattet nach oben:
Ich bin in Not, Herr, steh mir bei!

Die Not, aus der diese bewegende Klage aufsteigt, ist aber nicht eine Krankheit zum Tode. Das Gebet des sich schon sterbend Wähnenden wird erhört. Das Klagelied verwandelt sich in Lobgesang:

Herr, ich vertraue auf dich.
Du hast mich vor dem tödlichen Abgrund bewahrt.
Ja, in der Unterwelt dankt man dir nicht,
die Toten loben dich nicht;
wer ins Grab gesunken ist, kann nichts mehr
von deiner Güte erhoffen.
Nur die Lebenden danken dir, wie ich am heutigen Tag.
Von deiner Treue erzählt der Vater den Kindern.

In diesem Text, der wohl nach dem Exil der im sechsten Jahrhundert vor Christus nach Babylon verschleppten Bevölkerung von Judäa entstanden ist, gibt es noch kein christliches Osterlicht. Es spricht aus ihm aber dennoch ein unbeirrtes Gottvertrauen.

Moses

Ein Blick ins Gelobte Land

Moses ist eine der herausragendsten Gestalten im Gefüge jener heiligen Schriften des Judentums und des Christentums, die mit dem Sammelnamen „Das Alte Testament“ zusammengefasst werden. Viele Male ist dort von ihm die Rede. Seine historische Gestalt hinter den einzelnen Stimmen und Bildern bleibt aber undeutlich und kann so bleiben, weil diese Stimmen nicht von der Absicht geleitet sind, Geschichtsschreibung im modernen Sinn von Geschichtswissenschaft zu sein. Sie stillen nicht profane Neugier, sondern sie erzählen Heilsgeschichte und zeigen Moses als einen Mittler, der Gottes Wort und Gebot vor seinem Volk sowie die Anliegen des Volkes vor Gott vertritt.

Auch die Schriften des Neuen Testaments reden vielstimmig von Moses und lassen ihn als Vorausbild erscheinen, das auf Jesus Christus hinweist. Moses und der durch ihn vermittelte Alte Bund gehören zum unverrückbaren Fundament des Neuen Bundes, aber Jesus überragt ihn auf unvergleichbare Weise, wie besonders der Hebräerbrief und das Johannesevangelium bezeugen. Der Prolog dieses Evangeliums, ein im gesamten Panorama religiöser Rede der Menschheit auch literarisch einzigartiger Text, sagt: „Denn das Gesetz ist durch Moses gegeben worden, die Gnade und die Wahrheit aber durch Jesus Christus. Nie hat jemand Gott gesehen. Er, der Einziggeborene, der Gott ist und am Herzen des Vaters ruht, er hat uns Kunde gebracht.“

In der biblischen Gestalt des Moses haben sich unzählige Glaubenserfahrungen seines Volkes versammelt und verdichtet. Als jungem Mann, der vor dem Pharao aus Ägypten geflohen ist und in der Steppe von Midian die Herde seines Schwiegervaters weidet, offenbart sich ihm Gott in einem brennenden, aber nicht verbrennenden Dornbusch und öffnet ihm die Tiefe göttlichen Wesens mit den Worten: „Ich bin, der ich bin!“ Der Textzusammenhang des biblischen Berichtes über diese Erscheinung lässt es als sinnvoll erscheinen, diese Wesensaussage als eine Verheißung für die Zukunft zu verstehen: Ich werde für euch da sein; ich bin der Gott Abrahams, Isaaks und Jakobs, der euch – mein besonders erwähltes Volk – durch eure bisherige Geschichte begleitet hat und euch weiterhin begleiten wird von Generation zu Generation.

Moses führt sein in Ägypten versklavtes Volk aus diesem Land heraus auf einen viele Jahre dauernden Weg in ein versprochenes neues Land, das aber weder er noch das Volk seiner Generation erreichen werden. Unterwegs wird ihm von Gott in der Bergeinsamkeit des Sinai das Gesetz, die Lebensregel für sein Volk, anvertraut – die Zehn Gebote. Die Treue des Volkes zum Bund mit Gott wird in dieser Zeit viele Male erprobt und oft gebrochen. Daher wird diese Generation das Gelobte Land nicht schauen dürfen. Die Landnahme bleibt ihren Kindern vorbehalten.

Im Buch Deuteronomium, dem fünften in der Reihenfolge der biblischen Schriften, wird von dem Auftrag Gottes an Moses berichtet, er solle den Berg Nebo im Land Moab an der Nordspitze des Toten Meeres gegenüber Jericho besteigen, um dort zu sterben. Und Moses stieg aus den Steppen Moabs hinauf auf den Berg. Gott ließ ihn das ganze weite Land schauen bis hin zum Mittelmeer und sagte, dies sei das den Vätern versprochene Land: „Ich habe es dich mit eigenen Augen sehen lassen; hinüberziehen aber darfst du nicht!“ Der biblische Bericht endet mit den Sätzen: „So starb Moses dort. Man begrub ihn im Tal, im Lande Moab, aber niemand kennt sein Grab bis heute … Moses war 120 Jahre alt, als er starb; sein Auge war nicht erloschen und seine Frische nicht geschwunden.“

Papst Johannes Paul II. hat auf einer Reise ins Heilige Land auch den Berg besucht, von welchem nach alter Überlieferung Moses ins Gelobte Land geschaut habe. Ein in aller Welt verbreitetes Foto zeigt den greisen Papst, wie er hoch über einem weiten Wüstenpanorama mit vielen Bergen allein in das Land blickt, das dem Moses vorenthalten blieb, aber die irdische Heimat Jesu Christi, des zweiten Moses, gewesen ist.

Rachel und Benjamin

Das Buch Genesis, das Erste von den fünfundvierzig Büchern des Alten Testaments, erzählt ab dem zwölften Kapitel die so genannte Patriarchengeschichte – die Geschichte der Erzväter und Erzmütter des biblischen Glaubens. Die Erzählung beginnt bei Abraham, berichtet dann über seinen Sohn Isaak und seinen Enkel Jakob. Am Ende des Buches steht die Josephsgeschichte. Sie handelt vom Vorletzten der zwölf Söhne des Patriarchen Jakob: vom Neid und Hass seiner Brüder auf diesen Liebling ihres Vaters. Sie verkaufen den Siebzehnjährigen an eine Karawane, die ihn nach Ägypten bringt. Joseph wird dort Sklave des obersten Leibwächters am Hof des Pharao. Nach wunderlichen Umwegen steigt er zum höchsten Amt im Staat auf. Er wird der erste Minister des Pharao. „Joseph war der Gebieter über das Land", sagt die Bibel und erzählt dann, dass er seinen Hilfe suchenden Brüdern, die ihn zuerst nicht erkennen, großmütig verzeiht und hilft.

„Gott schreibt gerade auch auf krummen Zeilen" – dieses portugiesische Sprichwort gilt gewiss für die biblische Patriarchengeschichte, die ohne Beschönigung die Schwächen und Sünden der dort handelnden Personen darstellt, aber auch das Edle an ihnen ins Licht setzt. Dies gilt auch für die Geschichte der Rachel, der zweiten Frau des Erzvaters Jakob. Sieben Jahre dient Jakob ihrem Vater Laban als Hirte, um die schöne Rachel zur Frau zu erhalten. Laban aber führt ihm betrügerisch ihre wenig anziehende Schwester Lea zu. So dient er weitere sieben Jahre um Rachel. Lea wird indessen Mutter von sechs der Jakobssöhne, und zwei ihrer Mägde gebären ihm je zwei weitere. Rachel aber bleibt durch lange Zeit unfruchtbar. Dann gebiert sie Joseph, der in Ägypten groß sein wird. Schließlich gebiert sie unter großen Schmerzen nahe bei der Stadt Bethlehem ihren zweiten Sohn, den jüngsten der zwölf Jakobssöhne. „Sei unverzagt, auch diesmal hast du einen Sohn“, sagt ihr die Hebamme. Aber Rachel ist am Sterben. „Als ihr Lebensodem entfloh, nannte sie seinen Namen Benoni. Das bedeutet ‚Sohn meines Unheils‘“, erzählt das biblische Buch. Der Vater aber will nicht hinnehmen, dass sein jüngstes Kind mit der Last dieses Namens, der ständigen Erinnerung an den Tod der Mutter, leben müsste. Daher nennt er den Knaben Benjamin. Das bedeutet „Sohn des Glücks“. So setzt Jakob in schwerer Stunde ein Zeichen der Hoffnung. Das Leben der Familie geht weiter. Es gibt Zukunft.

„Rachel starb und wurde auf dem Weg nach Ephrat, das heißt Bethlehem, begraben“, berichtet die Bibel weiter und fügt die Nachricht hinzu: „Jakob errichtete einen Gedenkstein auf ihrem Grab. Es ist der Denkstein auf dem Rachelgrab bis auf den heutigen Tag.“

Der atheistische Philosoph Ernst Bloch hat in seinem Buch *Wildes Altes Testament* das Dunkle in der jüdischen Bibel hervorgehoben. Joseph und Benjamin aber, die einzigen Kinder der Rachel, sind Lichtgestalten inmitten ihrer zehn Brüder, die von insgesamt drei anderen Müttern stammen. Die Geschichte von der Geburt des Benjamin ist eine der großen Hoffnungsgeschichten in den Büchern des Alten Testaments.

Jesus Christus

„Es ist vollbracht“

An einem Freitag vor bald zweitausend Jahren war vor den Toren der Stadt Jerusalem einige Stunden lang ein Kreuz aufgerichtet. Nach römischem Rechtsbrauch hatte man, wie das Johannesevangelium erzählt, über dem Haupt des Gekreuzigten eine Tafel angebracht mit seinem Namen und der Begründung für das Todesurteil. Des Weges Kommende konnten lesen: „Jesus von Nazareth – König der Juden.“ So wussten sie, dass hier einer am Sterben war, der in riesigem Kontrast zu diesem Anspruch zugrunde ging.

Vor jenem Karfreitag Jesu und nachher wurden in Palästina und anderswo im Römischen Reich unzählige Menschen gekreuzigt. Ihre Namen sind vergessen, ihr Tod ist ohne erkennbare Wirkung geblieben. Der Name Jesu aber ist nicht vergessen worden. Sein Tod hat die Geschichte verändert und verändert sie immer noch. Sein Sterben hat das Kreuz verwandelt aus einem Symbol schändlichsten Todes in ein Zeichen des Heils und des Sieges über den Tod.

Alle vier Evangelien berichten ausführlich über das Todesleiden und Sterben Jesu. Sie wollen freilich nicht nur mitteilen, was irgendein nicht betroffener oder feindseliger Zeuge dieses Todesleidens auf Golgotha sah und hörte. Sie leuchten vielmehr in die Tiefe des hier Geschehenen und deuten es in der Sicht des christlichen Glaubens vom Ende her, das erreicht war, als man den Gekreuzigten als lebend bei Gott erfuhr.

Die Evangelien überliefern auch sieben Worte des Gekreuzigten. Einige von ihnen gelten den Menschen ringsum: den Henkern, für die er Gott um Vergebung bittet; dem Schächer, dem er das Paradies verheißt; der Mutter und dem Jünger, die er einander anvertraut. Andere Worte des Sterbenden richten sich an Gott, seinen Vater: „Mich dürstet“, klagt er mit den Worten eines Psalms und: „Mein Gott, warum

Duccio di Buoninsegna

Der Abstieg Christi zu den Toten, 1308–1311

Museo dell' Opera Metropolitana, Siena

Der frühere Hochaltar des Domes von Siena, den der große Maler Duccio di Buoninsegna in den Jahren 1308–1311 geschaffen hat, befindet sich heute im Museum der Kathedrale. Das gewaltige Werk trägt den Namen „Maestà" und zeigt zahlreiche Szenen der in Jesus Christus eröffneten Heilsgeschichte. Eines seiner kleinen Tafelbilder ist einem Mysterium gewidmet, das im Glaubensbekenntnis der Kirche mit den Worten „Er ist hinabgestiegen in das Reich des Todes" zur Sprache kommt. Der auferstandene Christus erscheint im Totenreich den Vorfahren, die seit Adam und Eva auf ihn als ihren Erlöser gewartet haben. In dramatischem Gestus tritt er ihnen, die sich sehnsüchtig nach ihm ausstrecken, entgegen und zertritt dabei das aus den Angeln gehobene Höllentor und den Satan, die Macht des Bösen.

hast du mich verlassen?“ Dem folgen Worte der Ergebung: „Es ist vollbracht!“ und: „Vater, in deine Hände lege ich meinen Geist.“

Das Reden Jesu vom Kreuz herab mündet in einen Todesschrei. „Er schrie laut“, heißt es, „und verschied.“ Dieser furchtbare Schrei umfasst nach christlicher Überzeugung alles Fragen und Klagen der Menschen von Adam bis hin zum letzten Menschen, er umfängt jeden Seufzer der bedrängten Kreatur. Geht dieser Schrei ins Leere? Ist einer da, der ihn nicht nur hören, sondern erhören kann? Die Antwort auf solches Fragen wird erst am dritten Tag gegeben. Sie heißt Auferstehung.

Als der Todesschrei Jesu verklungen ist, da zerreißt im Tempel von Jerusalem jener Vorhang, der das Allerheiligste, die Herzkammer des Tempels, verschließt. Das bedeutet in der Sicht des Neuen Testaments: Der Tod Jesu hat das Allerheiligste aufgetan, der Zugang zu Gott ist offen, die Zeit des Tempels ist vorbei. Unzählige Opfer waren in diesem Tempel dargebracht worden. Es waren ergreifende Versuche des Menschen, von sich loszukommen, sich selbst zu überschreiten auf Gott hin. Aber der Mensch gab hier doch nicht sich selbst. Er ließ sich vertreten durch Opfer, durch Zeichen einer ungenügenden Liebe.

Nun aber war jener gekommen, der als Einziger genügend liebte, weil er nicht nur des Menschen, sondern auch Gottes Sohn war. Er gab sich selbst ohne Vorbehalt. Er sagte ja mit seiner ganzen Existenz inmitten der unzähligen Nein-Sager, die sich Gott und der Welt im Letzten verweigern. So wurde die Welt aufgebrochen auf Gott hin, wurde sie erlöst aus ihrer Verkrümmung in sich selbst. Eine neue Beziehung wurde gestiftet zwischen Gott und Welt, ein neuer Bund geschlossen im Blute des Gekreuzigten.

Allein die Liebe Christi hat nach christlichem Glauben die Welt erlöst. Sein Kreuz, sein Schmerz, sein vergossenes Blut haben Erlösung nur bewirkt, insofern sie Ausdruck seiner Liebe waren. Gott ist kein Vater-Dämon, der mit Blut versöhnt werden will.

Wie hätte in dieser Welt des Hasses, des Brudermordes und der Gleichgültigkeit die radikalste Liebe sich anders ausdrücken können als im radikalsten Leiden und Sterben mit den Sündern und für sie? Wie hätte all das Getrennte und Gegeneinanderstehende – Vater und Sohn, Mann und Frau, Sklave und Freier, Mensch und Gott – anders verbunden und versöhnt werden können als durch Christus, der am Kreuz die Arme ausbreitete, um den Vatergott und die Menschen – seine Brüder und Schwestern – zu umfangen?

Am Karfreitag gedenkt die Kirche all dessen in ihrem Gottesdienst, der mit Schweigen beginnt und mit Schweigen endet. Dies ist kein dumpfes Schweigen, denn der Tote, an den hier gedacht wird, ist nicht im Tod geblieben. Es ist ein Schweigen, das den Frieden dessen erfahren lässt, der alles vollbracht hat.

Der Tod des Todes

Alles Lebendige ist „zum Tode verurteilt“ und muss schließlich sterben. Der Tod nimmt sich alle Individuen und verschont nur die Gattung, obwohl auch diese nicht ewig ist. Der Mensch aber träumt in der Tiefe seiner Seele von Unsterblichkeit. Er ist in aller Regel unabgefunden mit seinem Tod als definitiver Auslöschung seiner Existenz, auch wenn er das vielleicht verdrängt und vergessen hat. Wenn ein Mensch zu einem anderen sagt: „Ich liebe dich“, dann sagt er vieles mit, auch wenn er es nicht ausdrücklich weiß. Er sagt: Ich will, dass du nicht gänzlich stirbst, dass du auf irgendeine Weise ewig bleibst.

Ein leiser oder lauter Protest gegen den Tod durchzieht wie ein Webmuster die Geistes- und Religionsgeschichte bis hin zu Jesus. Es gab auch große Ausnahmen von diesem Protest: Buddha predigte Gleichgültigkeit gegenüber Leben und Tod, und sein eigenes Sterben war durch nichts auffallend. Jesus aber ergrimmte am Grab des Lazarus über den Tod seines Freundes und starb selber im Kampf mit dem Tod, indem er einen lauten Schrei ausstieß. Der Tod enthüllt sich hier als der große Feind, mit dem der Mensch sich nicht definitiv abfinden muss und soll. Er kann Ausschau halten nach einer Hoffnung, die über den Tod hinausweist.

Nicht nur gegen den Tod eines Kindes oder gegen den Krebstod eines jungen Menschen lehnen Menschen sich auf. Auch in hohem Alter Sterbende möchten wohl ewig aufgehoben sein: nicht nur im langsam schwächer werdenden Gedächtnis ihrer Kinder, Enkel und ihrer Nachwelt überhaupt. Sie möchten in einem ewigen Gedächtnis so aufgehoben sein, dass sie auch selbst davon wissen. Geht diese oft verdrängte Hoffnung ins Leere? Ist das menschliche Leben eine Brücke, die sich von einem Ufer in einem schönen, kühnen Bogen abhebt und dann irgendwo abbricht, ohne je ein anderes Ufer zu erreichen?

Wenn keiner der Toten sich je als lebendig jenseits der Todesgrenze erwiesen hat und dies nicht als ein Phantom, sondern in einer Weise, die ihn zugleich in der Geschichte belässt und über sie erhebt, dann ist alle Hoffnung gegen den Tod vielleicht doch nur ein schöner Traum. Der russische Denker und entschiedene Christ Wladimir Solowjow hat Jahre vor der Oktoberrevolution in einem Osterbrief gegen das Sich-Abfinden mit dem Tod geschrieben: „Die Wahrheit der Auferstehung Christi ist nicht allein eine Wahrheit des Glaubens, sondern auch eine Wahrheit der Vernunft. Wäre Christus nicht auferstanden, hätte Kaiphas Recht gehabt, und hätten sich Herodes und Pilatus als klug erwiesen, so wäre die Welt eine Sinnlosigkeit, ein Reich des Bösen, des Truges und des Todes. Es handelte sich nicht um das Aufhören irgendeines Lebens, sondern darum, ob das Leben des vollkommenen Gerechten aufhören werde. Wenn solch ein Leben den Feind nicht überwinden konnte, was blieb dann noch für eine Hoffnung in der Zukunft? Wenn Christus nicht auferstand, wer konnte dann auferstehen? Aber Christus ist auferstanden!"
„Christus ist auferstanden!" Mit diesem russischen Ostergruß hat der große Denker Solowjow sein Zeugnis für den christlichen Glauben besiegelt. In diesem Gruß, der auch nach der Oktoberrevolution des Jahres 1917 und während der langen Herrschaft des Kommunismus nicht gänzlich ausgelöscht werden konnte und der heute wieder allgemein verbreitet ist, kommt die unausrottbare Hoffnung auf einen „Tod des Todes" in einer unbezwingbar jugendlichen Sprache zum Ausdruck.

Danksagung

Der Verfasser dankt Kardinal Christoph Schönborn, Erzbischof em. Karl Braun und Pfarrer Michael Unger für wichtige Hinweise auf Quellen zu diesem Buch.
Ein besonderer Dank gilt Frau Brigitte Ederer, Frau Waltraut Jürgens und Sr. Johanna Wagner im Bischöflichen Sekretariat für die technische Assistenz.

Von Bischof Egon Kapellari
sind im Verlag Styria erschienen

GLANZ STRAHLT VON DER KRIPPE AUF
Weihnachtsbetrachtungen

EIN FEST GEGEN DIE SCHWERKRAFT
Osterbetrachtungen

ZU PFINGSTEN IN JERUSALEM
Ein Bischof schreibt zur Firmung

MENSCHENZEIT IN GOTTESZEIT
Wege durch das Kirchenjahr

HEILIGE ZEICHEN IN LITURGIE UND ALLTAG

ABER BLEIBENDES STIFTEN DIE DICHTER
Gedanken für den Tag

BEGEGNUNGEN UNTERWEGS
Eine Nachlese